读古文入门

鲍善淳 著

上海古籍出版社

图书在版编目（CIP）数据

读古文入门 / 鲍善淳著. — 上海：上海古籍出版社，
2010.4（2025.3重印）
ISBN 978-7-5325-5524-6

Ⅰ.①读… Ⅱ.①鲍… Ⅲ.①文言文—句法—基本知识
Ⅳ.①H141

中国版本图书馆CIP数据核字（2010）第030264号

读古文入门

鲍善淳　著

上海古籍出版社出版发行
（上海市闵行区号景路159弄1-5号A座5F　邮政编码201101）
（1）网址：www.guji.com.cn
（2）E-mail:guji@guji.com.cn
（3）易文网网址：www.ewen.co

发行经销　新华书店上海发行所
制版印刷　上海丽佳制版印刷有限公司
开本　889×1194　1/36
印张　5 14/36　　字数 93,000
印数　41,601-45,700
版次　2010年4月第1版
　　　2025年3月第15次印刷
ISBN　978-7-5325-5524-6/I·2177
定价　25.00元

前　言

时代已步入21世纪，明智而有远见的现代人，愈发意识到，在搞好本职工作之余，还应当多了解中国传统文化，从中汲取养料，以陶冶情操，健全人格，增长智慧，那么才能在竞争激烈的社会中，多一种拼搏奋斗的资本与力量，立于不败之地。

接触传统文化的前提，是能够读通读懂古诗文，然而这又绝非是轻而易举的事。道理很简单，我们的语言在历史发展的进程中，其内部要素，诸如语音、词汇、语法，起了变化；而先哲们创制的不同文学样式，诸如小说、诗词曲等，历经嬗变，也形成了各自固定的规范。这些无不成了今人阅读古诗文的拦路虎，甚或每每令人望文生畏。

有鉴于上述种种，我们为初学古诗文者先期设计推出了这套"入门"丛书，包括《读古文入门》、《读古诗入门》、《读词入门》三种。每种都从最基本与必备的知识入手，由浅入深，娓娓道来，通俗易懂；并力求总结归纳出规律性的东西，能使读者一目了然，由此及彼，达到触类旁通的目的。为说明问题，几乎每一章节，都举出实例，释疑解难；关键处还附详细表格，化繁为简。要之，知识含金量高，一本在手，阅读古诗文的困难便能迎刃而解，是这三本书的主要特点。

愿这套书能成为您打开传统文化殿堂之门的金钥匙。

上海古籍出版社

引　言

　　"古文"这个名称，由来已久，司马迁在《史记·自序》里说："年十岁，则诵古文。"他说的"古文"，指的就是古代的文献典籍。它是以周秦口语为基础而形成的一种书面语言。我们今天说的"古文"，则还包括后代作家模仿上古汉语书面语言写作的文言文。

　　古文所使用的语言，虽然同样是汉语，但是今天阅读它，不仅一般读者会有困难，有时连这方面的专家也会感到棘手。近代著名学者王国维就曾很坦率地对别人说，他读《尚书》有十分之五不理解，读《诗经》也有十分之一二不理解[1]。古文为什么这样难读呢？王国维根据古书

---

[1]见《观堂集林》卷二《与友人论诗书中成语书》。

的实际情况和自己的阅读体会，总结出三方面原因：一是"讹缺"，二是"古语与今语不同"，三是"古人颇用成语，其成语之意义与其中单语分别之意义又不同"[1]。

"讹缺"是古籍中普遍存在的现象。我国的书籍，从竹木到丝帛到纸张，从简篇到卷帙到册页，从口传手抄到刻板及活字印刷，数千百年，期间不知经过多少人的手，也不知经过多少次劫难，造成讹误、缺脱、衍羡、错乱是不可避免的。因此"后人读之，苟无善本相校，必致文义难晓，有索解而不得者"[2]。例如《墨子·鲁问》有一段话："越人迎流而进，顺流而退。见利而进，见不利其退速。越人因此若执函败楚人。"这最后一句，长期以来，就使人"索解而不得"。经清代考据大师王念孙校订，原来"执"为"埶"之讹，"函"乃"亟"之误。"埶"即古"势"字，"亟"作频数解。"此若势"即"此势"，"此"与"若"同义；"亟败"即屡败[3]。这样，原文疑义，涣然冰释。

有不少古籍，就是这样经过后人校订，才成为可读之书的。因读误本书而闹笑话的事也不

---

[1]见《观堂集林》卷二《与友人论诗书中成语书》。

[2]见孙德谦《刘向校雠学纂微·订讹误》。

[3]见《读书杂志》卷九。

少见。北齐颜之推《颜氏家训·勉学》就记载了这样一件事：当时江南有位权贵，读左思《蜀都赋》注本，见有"蹲鸱，羊也"的说法，不知"羊"是"芋（即芋芳）"之误。有人送他羊肉，他竟回信说"损惠蹲鸱"，致使"举朝惊吓"，传为笑柄。这位权贵可说是不学无术，但古书的讹缺实在也误人不浅。《水经注·河水四》"水流松果之山"。明人锺伯敬所见的本子，误为"水流松果之上"，于是乎大加赞赏，连连加圈，叹为妙景[1]。简直是"郢书燕说"的重版。正由于古书的讹缺给阅读造成很大困难，因而从汉代开始，从事校勘的学者代有其人。"校雠学"也就逐渐形成一门专门学问。

"古语与今语不同"，就是指古今汉语存在的时代差别。据说，元代有位书生，读《楚辞》不懂，竟破口大骂屈原："写文章这样艰涩，投水死得活该！"[2]屈原是我国古代杰出的善于向人民学习语言的作家，说他作文故为艰深，恐怕有些冤枉。《楚辞》难读的原因，主要还是由于语言存在时代的差别。语言是社会现象，是随着社会的发展而发展的，因而在语音、词汇、语法，以至于文字方面，古今都不完全一致。《诗·郑

---

[1]段玉裁《戴东原年谱》录戴氏语。
[2]见元吾邱衍《闲居录》。

风·有女同车》"有女同车，颜如舜华。将翱将翔，佩玉琼琚"。这几句诗，今天我们读起来已毫无韵味了，但在周代"车读如居"[1]，"华读如敷"[2]，与后一句的"琚"字同属古韵鱼部，完全合韵。在古文中，伏羲又写作庖犠（庖），齐国的陈骈又写作田骈。据清人钱大昕考证，这是因为古读伏如庖，读陈如田，两字可以通用[3]。由此可见，古今语音的变化是相当大的。

不过，比较起来，古今差别最大的还是词汇。从词形上看，古代一个字常常就是一个词，而现代汉语则绝大多数是双音词。就词义看，同一个概念，古今用词往往不同。如：现代说"打水"，古代说"汲"；现代说"残暴"，古代说"虐"；现代说"热水"，古代说"汤"。同一个词古今意义又往往存在差别，如"往往"这个词，现代指的是时间上的经常，但在秦汉时期却是表示空间关系的"到处"。《史记·吴王濞列传》："寡人金钱在天下者，往往而有。""往往而有"即到处有。

语法方面，由于具有较强的稳固性，古今变化不大，但也存在一些差异。比如现代说"使苏

---

[1] 见汉刘熙《释名·释车》。
[2] 见唐陆德明《经典释文》。
[3] 见《十驾斋养新录》卷五。

武投降"这句话，古代可以说成"降武"；现代说
"不欺骗我"，在周秦时期一般写作"不吾欺"；现
代说"应该派谁告诉你"，古代一般写作"当谁使
告汝"。"可以跟他说话"这句话，古代往往只写
作"可与言"。有时同一句话，用古今不同的语法
规律来理解，意义可能大不一样。如《史记·魏
其武安侯列传》"汲黯是魏其"这句话，如果当
现代汉语看待，应理解为"汲黯就是魏其侯"；但
在古文中，就只能理解为"汲黯认为魏其侯是对
的"。另外，作为汉语语法的重要方面——虚词的
用法，古今的差别更为明显。

　　至于王国维说的"成语"，指的是在一定历史
时期流行的、具有特定含义的熟语，不能按字面
意义去理解。如《诗经》中的"不淑"一语，是
表示遭际不幸的专名。毛亨和郑玄均以"不善"
解之。只看字面，所以不能得其真诠。由于这类
"成语"只流行于一定的历史时期，也可以看作
"古语和今语不同"的一个方面。

　　其实，后人阅读古书，障碍还不止这些。因
为在不断发展的历史进程中，不仅语言内部的要
素——语音、词汇、语法起了变化，语言所反映
的外部事物，如风俗习惯、典章制度等也发生重
大变革。所以宋代学者郑樵说："古人之言所以
难明者，非为书之理意难明也，实为书之事物难

明也。"[1]清代学者戴震也说:"昔之妇孺闻而辄晓者,更经学大师转相讲授而仍留疑义,则时为之也。"[2]在古代人人皆知的事情,到后代有时甚至连一些专家学者也弄不清,这就是历史发展所造成的隔阂。举例来说,贾谊《论积贮疏》:"失时不雨,民且狼顾,岁恶不入,请卖爵子,既闻耳矣,安有为天下阽危者若是而上不惊者。"

这一段话中,"请卖爵子"一句,在流行的注本中,大都解为"朝廷出卖爵位,人民出卖儿子"。这样理解,不仅"请"字无着落,而且连系上下文也扞格难通。本来文意很明显,前四句叙述民情,后两句告诫皇帝。毫无疑问,"卖爵"、"卖子"的主语都是"民"。民卖爵的事,在史书上是有据可查的:《汉书·文帝纪》:"夏四月,大旱,蝗。令诸侯无入贡,弛山泽,减诸服御,损郎吏员,发仓庾以振民。民得卖爵。"《汉书·严助传》:"间者,数年岁比不登,民待卖爵赘(典质)子以接衣食。"这里的"卖爵赘子"和《论积贮疏》的"卖爵子"说的是一回事,主语都是"民"。为什么不少注家鲁莽草率,硬要说"卖爵"的主语是"朝廷"呢?这就是由于时移俗易,现代人知道封建朝廷卖官鬻爵的事,而

[1]《通志·艺文略一》。
[2]《戴东原集》卷三《尔雅文字考序》。

对汉代的民也有爵可卖却极为陌生。汉民的爵来路大概有两条：一是花钱、粮从朝廷买得；二是由朝廷赐予。汉代皇帝常常在即位或遇有其他喜庆之事时，赐民爵位，以示恩惠。这种爵位，虽系虚衔，但在乡里可享有某些特权。一到凶年饥岁，贫乏之家往往请求把爵位转卖出去，以换取衣食。所以，《史记·文帝纪》司马贞索隐引崔浩说："富人欲爵，贫人欲钱，故听买卖。"民卖爵的事在贾谊所处的时代是妇孺皆知的，但在今天如不作点小小考证，却不容易明了。由此可见，古代名物制度的考证，也是确切理解古文不可缺少的一个方面。

另外，不懂得某些方面的专门知识，也会阻碍我们顺利读懂古文。戴震就曾说：不通天文，不可以读《尧典》；不通地理，不可以读《禹贡》[1]。

总之，古文作为古代的书面语言，流传到现在，存在的问题是比较复杂的。古文难读的原因也是多方面的。但是，最迫切、最直接的还是字、词、句方面的一些问题。因此，我们打算就这方面，介绍一些必要的阅读常识。

---

[1]见《戴东原集》卷九《与是仲明论学书》。

目　录

读古文入门

一、识字与通读

　　读书必先识字。但是中国的方块字的确是"难得可怕"的"阻碍传布智力的结核"[1]。我们的前人早已领教了此中苦况，向来有"文字关"、"拦路虎"之称。读书破万卷的唐代大诗人杜甫，也曾感慨万分地说"读书难字过"[2]。古文，特别是先秦两汉时期的古文，保存了相当一部分古字古义。如果我们不懂一些文字学常识，不了解古人用字的条例，那是很难读懂古文的。

　　古人用字的条例有二，一是用意义，一是用声音。现代语言学家杨树达说："古人之用字，有用其形即用其义者，亦有如今人之写别字，用其形不用其义而但取其音者。"[3]他把了解字的形体构造称为"识字"，而把从声音上来推求字义，称之为"通读"。又说："识字者，辨形之事也，而

---

[1]鲁迅《门外文谈》。
[2]杜甫《漫成》。
[3]《积微居小学述林·彝器与文字》。

通读则求义之事也。"[1]弄清一个字的形体构造，也就能帮助我们更好地掌握字义。

（一）识 字

汉字是一种表意文字，字形的构造一般可以表示这个字的本义或本义所属的意义范畴。因此，字形是我们了解字义的重要依据，分析字形有助于掌握字义。《周礼》上说："古者八岁入小学，保氏教国子以六书。""六书"是前人分析汉字结构归纳出来的六种条例。这就是说，远在周代就已有人注意分析汉字结构，懂得从字形上去把握字义，并以此进行识字教学。这个说法是大致可信的，因为在《春秋左传》中，就有用分析字形的办法来解释字义的例子。如"止戈为武"、"反正为乏"、"皿蟲为蠱"[2]等。可见，根据汉字的结构特点，从字形分析中把握字义，是一种古已有之、行之有效的方法。下面我们就举几个例子，看看字形和字义的关系。

卫献公出奔，反于卫，及郊，将班邑于从者而后入。

——《礼记·檀弓》

[1]《积微居小学述林·彝器与文字》。
[2]分别见宣公十二年、宣公十五年、昭公元年。

这段话中的"班"字，如照现代汉语的文义来解释，显然是讲不通的。那么，不妨来看看它的字形。如果懂得一点文字知识，就可以知道，"班"字是由三部分构成，中间是刀的象形，两边是两串玉。所以《说文解字》说："班，分瑞玉也。"可见，它的本义是分玉，从分玉引申为一般的"分"。"班"在古文中常作"分"讲。"班邑于从者"，意为把人民聚居的地方分给随从的臣子。

> 延年母从东海来，欲从延年腊，到洛阳，适见報囚。
>
> ——《汉书·严延年传》

唐颜师古注"報"为"奏報行决也"。看来他是把"報"理解为"報告"、"上報"。这也可以说是不识"報"字。"報"，右边的"𝼈"，是"服"的本字。甲骨文写作 𝼈[1]，像一只手揿着一个人跪在那里。左边的"幸"，不是幸福的"幸"，是"夲（音捏）"的变形，甲骨文写作 🙎，是手铐的象形。合在一起是使罪犯服罪的意思，也就是指断狱、判决。在古文中经常用来指判处死刑。"報囚"，即处决罪犯。

这样通过字形的分析，不仅能了解字的本

---

[1]甲骨文是商殷时期刻在龟甲兽骨上的文字。

义，懂得古训的由来，加深印象，方便记忆，还能纠正一些误解，解决阅读中一些疑难。如：

> 复与两钱散，成得药去。五六岁，亲中有病如成者，谓成曰："卿今强健，我欲死，何忍无急去药，以待不祥？"

——《三国志·魏书·华佗传》

前三句，现有的标点本都是这样断句的。其实是由于不知道"去"字的本义而造成的误解。

"去"字小篆写作去[1]，下半是容器的象形，上半像盖子。容器装上东西，盖上盖子，表示"储藏"的意思。因此，这几句应读成"复与两钱散，成得药，去五六岁。"是说李成得了华佗给的药，储藏了五六年。下文"何忍无急去药"的"去"，同样是这个意思。

以上数例，都是从字形分析中得出字义。但是，汉字并不是都能用这方法分析的。宋代王安石写过一部《字说》，闹了不少"以竹鞭马为笃"、"坡者土之皮"[2]之类的笑话。就是由于他不承认汉字大多数是形声字。而形声字是由象形符号加上标音符号构成的。一般说来，形声字的形旁所表示的只是这个字所属本义的意义范畴，一个总的类属。但识别形声字的形旁，对于掌握

---

[1]小篆是秦代通行的文字，也称"秦篆"。
[2]见《调谑编》。

字义同样是有重要作用的。清代学者陈建侯说："每见一字，先求其母（指形旁），如山旁必言山，水旁必言水，此则万无移易者。因于其偏旁所合之字，详其为何义，审其为何声，虽不中，不远矣。"[1]当然，"万无移易"很难说，而了解形旁字的意义，有助于掌握字的本义却是毋庸置疑的。举例来说：

　　詹何坐，弟子侍，有牛鸣于门外。弟子曰："是黑牛也而白题。"

——《韩非子·解老》

　　这个"题"字，对今天的读者来说，不太好懂。从字形上看，"题"是个形声字，"是"为声符，"頁"为形符。"頁"音谢，小篆写作𩑡，下半像人身，上半就是"首"字。本义就是人头。所以，凡是以"頁"为形旁的字，本义都与头有关。如："颠"、"顶"，本义是头顶；"颇"本义是头偏；"顾"本义是回头看；"顿"的本义是叩头。"题"的本义也一定与头有关，原来"题"就是额头，"白题"就是白额头。

　　又如"行"字，也经常用作形旁。甲骨文写作𩵋，像四通八达的路。本义就是道路，因此，

　　凡以"行"为形符的字，大都与道路的意义

---

[1]见《说文提要序》。

有关。

> 横衕何广广兮，固知国中之无人。
>
> ——《汉书·燕剌王旦传》

　　这里的"衕"字，"行"是形符，"术"是声符。本义是城邑中的道路。"横衕"就是都城中东西向的大路。"衕"作为抽象的"道"或"法"讲，是道路意义的引申。

> 子南知之，执戈逐之。及衝，击之以戈。
>
> ——《左传·昭公元年》

　　这里的"衝"字，也是以"行"为形符，本义是交叉路口。"及衝"，是说"在交叉路口追上了"。成语"首当其衝"的"衝"也还是指交通要道。

　　形旁字"辵"，音辍，在现代汉字部首中写作"辶"，本是由"彳"和"止"构成，"彳"是"行"省略一半，"止"是脚趾的象形。所以，凡以"辵"为形符的字都和脚走路的意义有关。

> 不幸而有疾，不能造朝。
>
> ——《孟子·公孙丑下》

　　"造"字，"辵"是形符，"告"是声符。本义是指到某地去。"造朝"就是到朝廷上去。

> 桓公亲逆之于郊。
>
> ——《国语·齐语》

　　"逆"也是以"辵"为形符，本义是前往迎接。

形旁字"斤",是一种砍柴短斧的象形符号。所以,凡是以"斤"为形符的字,都与刀斧或用刀斧砍削的意义有关。《诗·豳风·七月》"取彼斧斨,以伐远扬。""斨(qiāng枪)"是一种方孔的斧。《诗·陈风·墓门》"墓门有棘,斧以斯之"。"斯"的本义是用刀斧砍劈。其他如斫、斲、斸(zhú竹)、斮(zhuó酌)、斩、断等也都与用刀斧砍削的意义有关。

　　总之,形旁字的形体是长期以来经广大人民群众约定俗成概括出来的,是构造汉字的基本部件。用它们可以造出大量新字。我们掌握它,不仅对认识形声字有帮助,还能以少胜多。如"止"这个形旁字,甲骨文写作ᑐ,是脚趾的象形。由此可见,凡是以"止"为形符的字,都与脚走路的意义有联系,像"歷"、"歸"等字就是如此。有了"ᑐ"这个部件,古人就广泛运用来造新字:在下面加一横,写作ᑐ,就表示从某一起点向前去,后来写成"之"。所以,古文中的"之",经常作"往"讲。两ᑐ相背,写成ᵐ,就是表示乖违不顺的"舛"字;两ᑐ同向朝上,旁边再加表示山阜的形符,写作�,就是"陟"字,意思是向上登升;同向朝下,写作ᵐ,就是"降"字,表示从高处下降;同向朝前,旁边加上表示水的形符,写作ᵐ,就是"涉"字,表示脚从水中过去；画四个 在一个方块四周，写作 ，表示对某一地区的包围，减省作 ，即"韋"字，后代写作"圍"。《汉书·成帝纪》："是日大风，拔甘泉畤中大本十韋以上。""十韋"即"十圍"。兽皮可用以围绕、捆束，故也称"韋"。汉字的部首，多数就是形旁字。因此，掌握这些形旁字，不仅有助于识字，还能帮助我们查检字书，选择字义。

汉字由于数目繁多，类似现象非常严重，如果不知道辨析字形，是难免张冠李戴，误读古书的。如《汉书·张释之传》："假令愚民取长陵一抔土，陛下且何以加其法乎？"这里的"抔"，以"手"为形符，指用手捧。唐欧阳询《艺文类聚》却把《汉书》这段话编入"杯"门。

要区分类似字，就得分析字形，搞清它们的结构。如我们弄清"盲"下部是"目"字，字义与眼睛有关；"肓"下面是"肉"的变形，而以"肉"为形符的字大都与人体或内脏有关，那么，就不会把"病入膏肓"，误认为"病入膏盲"了。又如"卻"和"郤"很相似。但"卻"的形旁"卩"，是"卻（膝）"字的初文[1]，膝是腿关节。所以，以"卩"为形符的字，多与腿的动作

[1]用杨树达说，见《积微居小学述林》。

有关，"郤"的本义就是脚往后退。"郤"的形符"阝"，是"邑"的变形，"邑"是人民聚居的地方。所以，以"邑"为形符的字，大多是地名。"郤"是春秋时晋国的大夫郤克的封地，后用作姓。我们平时还常见有人把"入场券"的"券（音劝）"写成"劵"，读作眷。就是分不清"券"是以"刀"为形符，本义是契据，因为古代契据是用刀在竹木片边上刻许多齿，双方各拿一块，核对时把两块拼合在一起。"使吏召诸民当偿者，悉来合券。"（《战国策·齐策》）"合券"即核对借据。"劵"字是以"力"为形符，本义跟用力气有关。《说文解字》"劵，劳也。"就是"疲倦"的"倦"字。

当然，在分析字形时，我们也必须看到，汉字的形体，由甲骨文、金文[1]到篆文，由篆文到隶书，由隶书到楷书，几经变化，多数已丧失其本来面目。因此，依据现代汉字的形体推求字义，存在一定的局限性。据清人沈起凤《谐铎》记载，有人说仓颉造错了字："射"从寸身，应是"矮"字；"矮"从委矢，应是"射"字。这就是按照后代字形来分析而得出的错误结论。而古代汉字往往形体不统一，线条较复杂，辨认也不

---

[1]金文是殷、周至汉代刻在青铜器上的铭文，又称"钟鼎文"。

太容易。东汉许慎写《说文解字》，根据小篆来分析，就出现了不少牵强附会的解释。可见，我们今天要正确使用分析字形的方法把握字义，是有一定困难的。但是，我们还是应当承认大多数汉字是可以从字形分析中了解它的本义或本义所属的意义范畴。字形是我们研究汉字字义的重要依据。

（二）通　读

文字本是语言的代用品，它是用来记录有声语言的。因此，就造字方面来说，汉字是表意文字，形与义有密切关系；就用字方面来说，则多着眼于声音，并不很重视字形。在古文中，用字"如今人之写别字，用其形不用其义，而但取其音者"，字义只跟字音发生关系，只能读其音以通其意。这一现象，极为常见。例如："名列前茅"这个成语，在词书中往往把"茅"解为"茅草"，引《左传》杜预注"时楚以茅为旌识"，说是春秋时楚国用茅草做旌旗。似乎言之有据。但茅草做旌旗实在匪夷所思，正如清人王引之说的"茅为草名，旌则旗章之属，二者绝不相涉"[1]。这里的"茅"，只能是古人"用其形不用

---

[1]《经义述闻》卷廿四。

其义而但取其音者"，本字当作"旄"。"旄，正字也；茅，借字也"[1]。"旄"即旄牛尾。古代常用旄牛尾绑在竹木杆上用来指挥，就是原始的旗子。因而，古人称旌旗也叫"旄"。《公羊传·宣公十二年》："郑伯肉袒，左执茅旌，右执鸾刀，以逆庄王。"这段话在《新序》卷四《杂事》中，"茅旌"正写作"旄旌"。可见"茅"通"旄"，"名列前茅"就是"名列前旄"。杜注"时楚以茅为旌识"的"茅"也应读作"旄"。

汉字中本有作旗子讲的"旄"字，但在这里却不用，而借用一个读音相近的"茅"字来代替，这就是古音通假，或称古字通假。被代替的字，叫做本字；用来代替的字，叫通假字。

为什么"本有其字"古人不用，却要用同音或音近的字来代替呢？通假字的出现，原因是多方面的。首先，汉字的性质虽是表意的，应该是词有本字，字有本义。但是，要求古人在使用文字时，处处都要用本字本义，是不可能的。由于汉字几经变化，西汉以前又没有一部字书可以作为依据，一般人是无法区分正字和别字的。因而在摇笔为文时，往往不自觉地用了通假字。清人陈澧说："古人所以用通借字者，实以无分部之字

[1]《经义述闻》卷廿四。

书，故至于歧异耳。《说文》既出，而用通借之字者少矣。"[1] 这是符合古人用字的实际情况的。其次，在唐代以前，人们要读书，全靠手抄。而且往往是先生口授，学生记录。因而经常会遇到仓卒不得其字的情况，那么就只有用同音或音近的字来代替。这种代替，多半是用常见的同音字去代替生僻的本字。如：

> 武使从事廉得其罪。
>
> ——《汉书·何武传》

颜师古注："廉，察也。""廉"，从广，兼声，本义是"廉隅"，无"察"义。"廉"作"察"解，是"覝"的通假字，《说文解字》"覝，察视也；从见，兼声，读若廉"。

> 君释三国之图以鸠其民，君之惠也。
>
> ——《左传·隐公八年》

"鸠"在这里是聚集的意思。但"鸠"本鸟名。作"聚集"解，是"勼"的通假字。《说文解字》："勼，聚也；从勹，九声，读若鸠。"

古人使用通假字还有一个原因，那就是由于受书写工具的限制，写字比较困难，因而常用笔画较简的同音字去代替笔画较繁的本字。如：

---

[1] 见《东塾读书记》卷十一。

赵使人微捕得李牧，斩之。

——《史记·廉颇蔺相如列传》

这里的"微"是侦察、伺候的意思，应是"覹"的通假字。《说文》："覹，伺也。"

殷商之旅，其會如林。

——《诗·大雅·大明》

"會"是"旝"的通假字。"旝"是古代一种旗子。

上二例，都是以形声字的声旁字代替本字。所谓以简代繁，多数是如此。这种现象，前人又称为"省文"或"省文假借"。

熟悉古音通假现象，对于阅读古书是很必要的。清代学者俞樾说："读古人书，不外乎正句读，审字义，通古文假借。而三者之中，通假借尤要。"[1]有的学者甚至认为不明通假就不能读古书[2]。这都是因为古音通假在古代特别是周秦时代的古籍中，是极为常见的现象。汉人注经已经注意到这一点，经常用"读为"、"读曰"来加以说明。清代学者更致力于这方面的研究，摆脱字形的束缚，以音求义，因而在古书的训释方面有一个很大的突破。段玉裁说："自尔雅而下训

[1]《俞曲园书札·上曾涤生书》。
[2]见朱骏声《说文通训定声叙》。

诂之学，不外假借、转注二端。"[1]他说的转注，指的是字义的互训；他说的假借，主要就是指说明通假。正由于古音通假现象在古籍中极为常见，所以，指明本字在训诂学上就占有突出位置。

不过，我们阅读古书，并没有必要把古文中所有通假字都找出来，用本字去破借字。因为有不少通假字，在古代早已流行，而本字本义反被废弃。这就是所谓"借字行而本字废"和"借义行而本义废"[2]。如"杜绝"的"杜"本字应作"歞"。在古文中却多借用本义是"甘棠"的"杜"来表示，本字"歞"反而废弃不用。"前后"的"前"，本字是"歬"。但在古代就很少有人用这个本字，而借用表裁剪意义的"前"来代替。"歬"字反而销声匿迹。对"前"字来说，是"借义行而本义废"，对"歬"字来说，是"借字行而本字废"。对于这一类现象，注释家已不看作是通假，阅读时也可以不必追根求源。必须引起重视的是另一种情况，有不少通假字，用法并没有固定，在古文中和本字并行，"学者改本字读之，则怡然理顺；依借字解之，则以文害辞"[3]。如不明通假，望文生训，就会指鹿为

16

马，铸成大错。

宋代王安石写过一部《三经新义》，书中对《诗经·七月》"八月剥枣"一句解释说："剥枣者，剥其皮而进之，养老故也。"据说，他把书送呈神宗以后，一天，出去散步，走到一间茅屋前，见一老妇，问她主人哪里去了，回答说，扑枣去了。王安石听了嗒然若失，回去后立即写了一份奏章给神宗，请求将上述十三字解说删去。因为他从实际语言中，发现对"剥"字的理解错了。"剥"在这里不是剥皮的"剥"，而是"攴（扑）"的通假字，是击打的意思[1]。类似这样的例子，在前人注释中并不罕见。如：

此臣之日夜切齿腐心也。

——《史记·刺客列传》

"腐"是"拊"的通假字，"拊"是拍打的意思。"拊心"就是捶胸。《战国策·燕策》记这段话，正写作"切齿拊心"。唐司马贞《史记索隐》却说："腐亦烂也。"后人多不察，往往沿用其误。于是有的注作"腐心，恨得好像那颗心也熬煎得腐烂了"。

虽得天下，吾不生也，兄与我齐国之政也。

——《管子·大匡》

---

[1]参见《容斋续笔》卷十五。

"兄"借作况且的"况"。唐国子博士尹知章却解释说："召忽称管仲为兄。"[1]

俄而，柳生其左肘。

——《庄子·至乐》

"柳"是"瘤"的通假字。前人却误解为杨柳。王维《老将行》也说："今日垂杨生左肘。"[2]

通假是以声音做桥梁来沟通的，借字和本字读音必须相同或相近，即通读。这是古音通假的一条原则，所以黎锦熙称它为"纯音标文字"。而更多的是音近通假，也就是双声迭韵的通假。近人胡朴安说："假借之例，不外双声迭韵。吾人读古书而不能通，当以双声迭韵求之，而得其本字，本字既得，训诂易明，则书义了然矣。"[3]可见通读的道理，并不高深。近人杨树达在考证《叔多父盘》"受害福"的"害"是"夻"的通假字之后说："所谓通读者，即依'害'字之音，求一与'福'字相贯的同音字是也。"[4]"害"与"夻"，古代是同音字，"夻"的意义是"大"，"大"与"福"意义相贯，"受害福"即受大福的意思。这就叫"通其读"了。同音字到哪里去找呢？近人黄侃说："大抵见一字，而不了本义，须先就

[1]见《困学纪闻》卷十。
[2]参见李慈铭《越缦堂读书记》卷十二。
[3]《中国训诂学史》第五章。
[4]《积微居小学述林》卷五《彝器与文字》。

《切韵》同音之字求之。不得，则就古韵同音求之，不得者，盖已尟。如更不能得，更就异韵同声之字求之。"[1]由于古韵部的研究，资料较多，也较可靠。因此，"迭韵易知，双声难晓"[2]。一般也就认为古文中以迭韵通假为常见。但据有些学者研究，认为"古人转注、假借多取双声"[3]。

当然，这里说的音同、音近（双声迭韵），指的都是古音。由于语音的发展变化，有些通假字，今天读起来和本字音已不同，甚至相差很远。但在古代读音却是相同或相近的。如：

> 入则无法家拂士，出则无敌国外患者，国恒亡。

> ——《孟子·告子》

这里的"拂"通辅弼的"弼"。"拂"与"弼"依现代读音，声、韵、调均不同。由于古代没有轻唇音（唇齿音）[4]，现代的轻唇音，古代一般读作重唇音（双唇音）。也就是说，现代汉语中的声母f，古代读作b或p。所以，"拂"与"弼"古代是双声字。

> 秋八月，有白蛾群飞蔽日。

> ——《汉书·元帝纪》

[1]《黄侃论学杂著·求本字捷术》。
[2]朱骏声《说文通训定声叙》。
[3]王国维《观堂集林·尔雅草木虫鱼鸟兽释例》。
[4]见钱大昕《十驾斋养新录》卷五。

这里说的"白蛾"就是"白蚁","蛾"是"蚁"的通假字。"蛾"和"蚁"都从"我"得声，古音相同。但到中古读音已起了变化。唐人颜师古注《汉书》，也就不能通读，误认为"蛾，若今之虫蛾类也。"

掌握一定的古音韵知识，对于识别古音通假是很必要的。清人在通读方面能度越千古，就是由于自清初顾炎武作《音学五书》以后，古音大明，"古音明而古义往往因之而明"[1]。反之"不明古音者，不足以识假借"[2]。但对一般读者来说，这样要求，有些不切实际。在这种情况下，有时可以从字形上取得帮助。因为汉字中绝大多数是形声字。凡是声旁相同的，一般在上古读音是相同或相近的。所以我们可以从形声字的声旁上探出古音相同、相近的消息，作为我们识别通假的向导。如：

> 填国家，抚百姓，给饷馈不绝粮道，吾不如萧何。

> ——《汉书·高帝纪》

"填"是"镇"的通假字。"填"、"镇"同从"真"得声，上古读如田。

[1]陈澧《东塾读书记》卷十一。
[2]《说文通训定声·叙》。

冯忌接手免首，欲言而不敢。

——《战国策·赵策》

"免首"即"俛（俯）首"，"免"是"俛"的通假字。"俛"以"免"为声旁，所以两字读音相近。

古音通假的研究及其在阅读中的运用，可以帮助我们疏通古书，确切理解文意，解决古书中的一些疑难。甚至能发前人之所未发。但是，我们又必须防止通假的滥用。清代学者如王念孙等，讲究"以音求义"，但"事实上他们不是简单地把两个音同或音近的字摆在一起，硬说它们相通，而是：（一）引了不少证据；（二）举了不少例子。这样就合于语言的社会性原则，而不是主观臆断的"[1]。不能为追求新颖可喜，而使古音通假成为穿凿附会的法宝。据说，有人曾武断地认为，"庄周"就是"杨朱"，因为"庄"、"杨"迭韵，"周"、"朱"双声。音近相通[2]。这当然只能作为笑料罢了。古音通假虽然往往是书写人一时仓卒不得其字而写的同音借代字，但它能流通，是得到社会公认、符合习惯的。在一定时期写法也比较一致。魏晋以后，古文用字逐渐固定，更不允许任意借用同音字。如唐代以"口蜜

[1]王力《龙虫并雕斋文集》第一册。
[2]王力《龙虫并雕斋文集》第一册。

【一 识字与通读】

腹剑"闻名的权贵李林甫，一次，贺人生子，手书"闻有弄璋之庆"，把"璋"写成"麞"，虽然读音相同，却不能作通假看待，因为得不到社会公认，只能使得客人们"视之掩口"[1]。

古文中有不少字、词很难懂，情况比较复杂。因此，在运用古音通假知识研究古书字义时，必须慎重。尤其不能在不明古音的情况下，根据现代读音滥用通假。

学会通读，还必须认识古文中另外一种文字通用现象。那就是所谓古今字。段玉裁说："凡言古今字者，主谓同音而古用彼，今用此。"[2]就是说，古字和今字是不同历史时期，表示同一意义的两个不同形体的同音字。它是由于文字孳乳、词义分化等原因造成的。如《人民文学》一九七七年第五期，刊登了叶圣陶先生一首旧体诗，标题是《〈毛泽东选集〉第五卷出版欣然有作》，其中有一句"亿众欢腾神弥王"，有的读者见了，误认为"神弥王"是古代神话中的帝王。不知道"王"是"旺"的古字。"神弥王"是精神更加旺盛的意思。原来"王"字在甲骨文和金文中，形体就像火在地上燃烧，本义就是旺盛的意思。后来由于词义的引申，"王"经常用来表

[1]见黄朝英《靖康缃素杂记》卷十。
[2]《说文解字注》二上"余"字条。

"帝王"，人们为了便于区别，又在边上加一个"日"旁，表示旺盛这个意义。这样，同是"旺盛"这个意义，古用"王"，后代用"旺"，它们就被称为古今字。古今的概念是相对的，"周为古，则汉为今；汉为古，则晋宋为今"[1]。

这种古今用字不同的现象，在古文中也是比较常见的。如：

宰夫腼熊蹯不孰。

——《左传·宣公二年》

"孰"本义就是"熟"，后来因为常借作疑问代词，人们又在下面加上四点（火的变形）写作"熟"。

犹衣服之有冠冕，水木之有本原。

——《左传·昭公九年》

这里的"原"就是源泉的"源"。"原"字的形体，表示泉水从山厓下流出，正是水源的意思。后来引申为"原来"的"原"，假借为平原的"原"，本字又加水旁，写作"源"。

子为正卿，亡不越竟，反不讨贼，非子而何？

——《左传·宣公二年》

"竟"本义是乐曲终了，引申作区域的终

---

[1]《说文解字注》三上"谊"字条。

线，即"疆界"的意思。后来为了区别，又写作"境"。"反"的本义是"翻"，引申作"回返"，后来这种意思又写作"返"。

　　从台上弹人，而观其辟丸也。

——《左传·宣公二年》

　　"辟"就是"避"。"辟"的本义是刑法。作"避"字用，原属本无其字的假借。后来才出现作躲避讲的本字"避"。

　　从以上所举的例子看，"孰"与"熟"，"原"和"源"，一古一今，就字形和字义的关系说，都是本字。好比某人本有一座房子，后来由于子孙繁衍（字义引申），或被借居者排挤（文字假借），本人搬出，另造新居；"竟"和"境"，"反"和"返"，今字是由古字字义引申而分化出来的。好比某人原与父兄同居，后来成家立业，另起炉灶，自盖新房；"辟"与"避"，古字是假借字，今字是本字。好比某人本无房子，一开始就寄人篱下，后来才有自己的房子。总之，都是同一个人先后住的两幢不同式样的房子。由此我们可以较清楚地认识古今字的来源及其特点。

　　常见的古今字还有不少，如：

益溢　然燃　县悬　暴曝　其箕　罔網　感憾
贾價　责债　弟悌　知智　属嘱　赴讣　受授
莫暮　内纳　右佑　道導　解懈　要腰　共供

昏婚　田畋　戚慼　禽擒　辟譬　厭壓　炎焰

臭嗅　死尸　大太　坐座　契锲　章彰　景影

陈阵

以上每对前一字是古字，后一字是今字。古字和今字有时代先后之分，但今字出现后，古字并不是就被淘汰，后人有时仍用古字。而后代人抄写古文又常常改古字为今字，因此，古文中，古字和今字也就成了通用字。

二 确切理解古文词义

词汇是社会现实的直接反映。随着社会的发展，新事物不断涌现，旧事物不断消亡，词汇也相应地发生变化。所以，词汇是语言中最活动的因素。从语言发展的历史看，词汇的变化是最快的，其次是语音和语法。因而了解古今汉语在词汇方面存在的差异，就有助于我们确切理解古汉语词义。

（一）分解与合解

阅读古文时很容易发现，古文中一个字往往就是一个词，应该单独作为一个意义单位来理解。这是因为古代汉语是以单音词为主的。所谓单音词，就是一个词只有一个音节，用文字纪录下来就是一个字。

现代汉语的双音词，大多以古汉语单音词

为词素构成。但在阅读时必须注意，不要把古文中的单音词和现代汉语双音词的对应关系简单化了。因为由于古今词义的变化，古文中的单音词并不一定跟现代汉语中以它为词素的双音词相对应。如"邹忌讽齐王纳谏"[1]的"讽"，是用微词婉言对人进行劝告，与现代"讽刺"一词的意思迥异。《汉书·冯奉世传》："京兆尹王章讥凤颛权不可任用。""讥凤颛权"就是批评、指责王凤专权。"讥"与现代"讥笑"、"讥讽"的意思也有明显不同。又如《史记·张释之冯唐列传》："故李牧乃得尽其智能，……西抑强秦，南支韩、魏。"这里的"支"，有人注为"支援"。说李牧支援韩、魏，是与史实不符的。韩、魏屈服于秦，多次攻赵，赵将李牧怎么会支援它们呢？这也是把古今对应关系简单化而造成的误解。古文中的"支"，不跟现代"支援"相对应。在这里是抗拒、抵挡的意思。《史记·廉颇蔺相如列传》"李牧击破秦军，南距韩、魏"可以为证。

由于古文是以单音词为主，我们在阅读时还必须注意，不要把古文中两个相邻的单音词，当作现代汉语一个双音词理解。我们对现代汉语双音词多的特点非常习惯，一接触到单音词为主的

---

[1]事见《战国策·齐策》。

古文，常常会按既成的习惯去读。特别是当古文中相邻的两个单音词，恰好是现代汉语一个双音词的时候，更容易发生误解。例如：

> 武子疾：命颗曰："必嫁是。"疾病则曰："必以为殉。"
>
> ——《左传·宣公十五年》

这里的"疾病"不是现代一个双音词，应分开作两个词理解。"疾"是现代"疾病"的意思，"病"则是指病情的严重。

> 案事发奸，穷竟事情，延年大重之，自以能不及翁归。
>
> ——《汉书·尹翁归传》

"事情"在这里也是由两个词组成，应分开理解。"事"指案件，"情"指真实情况。

> 当时为是，何古之法乎！
>
> ——《汉书·杜周传》

这里的"当时"也是两个词，"当"，读去声，是适应、适合的意思。"时"指时势。

> 进攻剑阁，不克，引退。蜀军保险拒守。
>
> ——《三国志·锺会传》

"保险"在这里是倚恃险要之地的意思。也应分开理解。

> 先帝不以臣卑鄙。
>
> ——《出师表》

这里的"卑鄙"绝不能理解为现代一个双音词。"卑"是指出身低下,"鄙"指见识浅陋,是两个单音词。

虚词也有类似的情况,如:

> 问今是何世,乃不知有汉,无论魏晋。
>
> ——《桃花源记》

"无论"在现代汉语中是一个双音连词,意思与"不管"相近。这里却应看作两个词,"无"是"不用"的意思,"论"当"说"解。

> 大王加惠,以大易小,甚善;虽然,受地于先王,愿终守之,弗敢易!
>
> ——《战国策·魏策》

古文中的"虽然",都是由两个词组成,"虽"与现代"虽然"或"即使"相当,"然"是"如此"、"这样"的意思。

掌握古代汉语以单音词为主的特点,对于确切理解古文词义,是必要的。但是,并不是说古文中的词都是单音节的。《荀子·正名》说:"单足以喻则单,单不足以喻则兼。"汉语中的双音词出现也比较早。如果我们对古文中某些双音词缺乏足够的认识,又会误入另一歧途。如:

> 所击杀者无虑百十人。
>
> ——《冯婉贞》

前几年有的省编教材把"无虑"解为"不用

29

考虑就知道"。有的则注为"无须计虑"。将"无"和"虑"分开解释，看来是字字落实，其实是误解。"无虑"在古代是迭韵字，是一个双音联绵词。在古文中表"大约"的意思。并不是"无"和"虑"的结合体。古书上还有亡虑、勿虑、摹略、莫络、孟浪等写法。

联绵词，前人称之为"连语"或"联绵字"，是一种双音单纯词，绝大多数由两个有双声迭韵关系的字组成。如：参差（双声），窈窕（迭韵），缱绻（既双声又迭韵）。也有不属于双声迭韵的，如"滂沱"，但较少见。它们都已突破表意文字的藩篱，成为标音的符号。因而不能拆开来理解。否则，硬要从字面上做文章，只能是"求之愈深，失之愈远"[1]。

如"犹豫"一词，长期以来，说法很多。北齐颜之推说："陇西谓犬子为犹。吾以为人将犬行，犬好豫在人前，待人不得，又来迎候，如此往还，至于终日，斯乃豫之所以为未定也。"[2]唐初孔颖达说"犹，玃属。豫，象属。此二兽皆进退多疑，人多疑惑者似之，故谓之犹豫"[3]。颜师古又说"犹，兽名，善登木。此兽性多疑，

[1]见王念孙《读书杂志》卷七。
[2]《颜氏家训·书证》。
[3]《礼记·曲礼》疏。

常居山中，忽闻有声，即恐有人且来害之，每豫上树，久之无人，然后敢下，须臾又上，如此非一，故不决者称犹豫焉"[1]。各驰遐想，愈说愈奇。均不过是郢书燕说，毫无根据。"犹豫"是一个联绵词，不能拆开理解。古书上又写作犹预、由豫、由与、犹予、尤豫、优与、犹与、容与、游移、夷犹等。李白《长干行》："十六君远行，瞿塘滟滪堆，五月不可触，猿声天上哀。"这里"滟滪堆"就是"犹豫堆"，以水流湍急，形势险恶，使人犹豫得名。

《庄子·秋水》："于是焉河伯始旋其面目，望洋向若而叹。"这是成语"望洋兴叹"的出处。这个成语有时被人理解为"望着海洋发出叹息"。其实这里的"望洋"，就是《晏子春秋》"杜扃望羊待于朝"的"望羊"，也就是《论衡·骨相》"文王四乳，武王望阳"的"望阳"。它们都不过是一个双音联绵词的不同写法。古文中用来形容抬头仰视的样子。"洋"在上古没有海洋义。作为比海大的水域 讲，那是宋代航海事业发达以后才出现的。

又如"不借"这个词，汉代已出现。南宋陆游也有"穿林双不借，取水一军持"的诗句。它

[二 确切理解古文词义]

---

[1]《汉书·高后纪》注。

是一种鞋名。东汉刘熙《释名》解释说："言贱易有，宜各自蓄之，不假借于人也。"明胡应麟也说："言价钱贱不须借也。"[1]明末清初的黄生见《齐民要术》中写作"不惜"，于是认为是"谓此物极贱，虽履泥湿，弃之亦不爱惜也"[2]。其实都是望文生训，强作解人。"不借"和"不惜"是一个联绵词的不同写法。古书上有时还写作轵鲜、搏腊、薄腊等。本义是粗糙的样子。因此，古人用来作一种粗麻鞋的名称[3]。《辞源》释为"以贱而易敝，不借之于人"，也是沿用旧说而造成的误解。

由于历来习惯以字为单位来研究书面语言。因而，割裂联绵词的现象，在旧注家笔下是比较常见的。有时甚至以讹传讹，习非成是。如"狼狈"本也是一个联绵词，在古文中又写作剌𤝐、狼跋、赖跋等。但"由于字面是两个兽，段成式《酉阳杂俎》卷十六附会着说'或言狼狈是两物，狈前足绝短，每行常驾两狼，失狼则不能动，故世言事乖者称狼狈'。后来就更说到'狼狈为奸'了"[4]。

由此可见，古文中的联绵词是因声以寄义，

---

[1]见《少室山房笔丛》。
[2]见《义府》。
[3]参见王念孙《广雅疏证》卷七下。
[4]唐兰《中国文字学》第二七页。

"求诸其声则得，求诸其字则惑"[1]。由于联绵词中的字，只不过是记录语音的符号，而语音又存在时代和地域的差别，所以同一联绵词常有多种书写形式。有人作过统计："委蛇八十三形，音同而义相迩；崔嵬十有五体，音近而义无珠。"[2]联绵词形体的多样性，势必给确切理解古文增加困难。阅读时，必须引起重视。近人朱起凤就曾深有感触地谈到，他早年讲学时，由于不知道"首施两端"就是"首鼠两端"，而受到"合院大哗，贻书嫚骂"的侮辱[3]。此后，就发奋自励，花了三十多年时间，编了一部专收古代联绵词各种不同形体的辞典——《辞通》。遗憾的是他终究没有弄清"首鼠"、"首施"实际上就是"踌躇"一词的音转。清代训诂大家王念孙说："首施犹首尾也，首尾两端即今人所谓进退无据也"。[4]也恰好犯了他自己所指斥的"不求诸声而求诸字"的毛病。

值得注意的是，古文中的联绵词不仅各个音节可以用不同的字来记录，有时还可以单用一字。如"单言之曰犹，曰豫；合言之则曰犹

---

[1]王引之《经义述闻》卷三十一"通说"上。
[2]符定一《联绵字典·凡例》。
[3]见《辞通》自序。
[4]《读书杂志》卷十六"余论"。

豫"[1]。

> 壹心而不豫兮，羌不可保也。
>
> ——《楚辞·九章·惜诵》

这里的"豫"就是"犹豫"。

> 虑亡不帝制而天子自为者。
>
> ——《汉书·贾谊传》

这里的"虑"就是"无虑"。故颜师古注："虑，大凡也。言诸侯皆欲同帝制而为天子之事。"

古文中的联绵词为什么会出现单用一字的现象呢？这是由于不同的人，或同一人在不同情况下说话的声气往往不同，有急有缓，有长有短。如"急言之则曰头，徐言之则曰髑髅"[2]，"长言之曰母猴，短言之则曰猴"[3]。联绵词本因声以寄义，不拘于形体，缓言之为两音，急言之则为一字。古文中这类现象并不罕见。如：

> 诲之以忠，耸之以行。
>
> ——《左传·昭公六年》

急言之为"耸"，缓言之则为"怂恿"。

> 抟扶摇而上者九万里。
>
> ——《庄子·逍遥游》

[1]《广雅疏证》卷六。
[2]《广雅疏证》卷六。
[3]姚维锐《古书疑义举例增补》引陈立说。

缓言之为"扶摇",急言之则为"飚"。

认识古文中这一语言现象,对于我们正确理解古文,也是有帮助的。如:

> 又安能以皓皓之白,而蒙世俗之温蠖乎?
>
> ——《史记·屈原列传》

自唐司马贞《史记索隐》解"温蠖"为"惛愦"以来,人多沿用其说。其实,缓言之为"温蠖",急言之就是"污"。《楚辞·渔父》写作"而蒙世俗之尘埃乎?"尘埃即污秽,与温蠖义正同。

《左传》中有寺人披,又有寺人勃提;有公子鉏,又有公子且于。其实是一人,急言之为"披",为"鉏",缓言之则为"勃提",为"且于"。这种现象也说明,双音单纯词和单音词有时是可以互相转化的。

(二)古文一词多义

一个词可以有多种意义,这是古今汉语都存在的现象。但在古文中尤为突出。这就是前人所说的"今训密,古训宽"[1]。

一般说来,一个词的意义是对某一事物的概

---

[1]龚自珍《最录段先生定本许氏说文》引段玉裁语。

括反映。但是，客观事物本身是复杂的，或具有多种多样的特征，或由几个不同的方面组成，和其他事物又存在各种联系。为了适应表达上的需要，古人在交流思想过程中，就常常用同一个词表示几个彼此相关的概念。

如"书"这个词，就字形看，是以"聿"为形符。"聿"，在甲骨文中，形体像一手拿笔的形状。《说文》说："箸于竹帛谓之书。"看来，"书"这个词，古人用来指一切文字记载。而文字记载都是由单个字组成的，所以写下来的单个字也叫"书"。《汉末童谣》："举秀才，不知书。""不知书"就是不识字。又由于文字记载都是用手拿笔写下来的，因而古人又把"拿笔写"这个动作叫做"书"，如《论语·卫灵公》"子张书诸绅"。

又如"雨"这个词，甲骨文中，"雨"字的形体，形象地记录了下雨这样一种自然现象。《说文》解释说："水从云下也。"非常精确。"雨"这个词概括了"降落"和"雨水"两层意思。所以"雨"这个词，可以表示"雨水"，如《易·系辞》"润之以风雨"；也可以表示"降落"，如《公羊传·庄公七年》"雨星不及地尺而复"。

如上所说，"书"可以表示文字记载，也可

以表示书写这个动作；"雨"可以表示雨水，也可以表示降落这个动作。这就是前人说的名动同词。

有时，由于"初民知识浑沌，一事二面，不能精析"[1]。或只当一个整体看待，尚无精析的要求。因而，往往只用一个词概括。

如"受"这个词，甲骨文写作一手授与，一手接受的形象。《说文》说："受，相付也。"本指授受物品这种行为。包括"授与"和"接受"两个方面。因而可以表"接受"也可以表"授与"。如：

《孟子·告子》："愿留而受业于门"。

《师说》："师者，所以传道受业解惑也。"

前一例中的"受"，是接受的意思。后一例中的"受"是授与、传授的意思。又如"市"这个词，本指买卖交易。如《左传·僖公三十三年》"郑商人弦高将市于周"。这里的"市"，就是指做买卖。概括了买卖商品这种行为。因而，有时可以只表示"买"，如《战国策·齐策》："责毕收，以何市而反？"有时，又可只表示"卖"，如《扬子法言·修身》："是以君子强学而力行，珍其货而

[1]杨树达《高等国文法》第16页。

后市。"

这种用同一个词概括动作施、受两方面的现象，前人称之为"施受同词"。

还有，如"祝"这个词，在古代不仅有祝颂、祝贺义，而且有诅咒义。如《汉书·外戚传》："后姊平安刚侯夫人谒等，为媚道祝诅后宫有身者王夫人及凤等。"这里的"祝"，就是"咒"。从字形上看，"祝"由示、人、口三部分组成。"示"代表"神"，段玉裁说"此以三字会意，谓以人口交神也"[1]。可见"祝"的本义是指人在神前祷告。祷告的内容本可善可恶。可以祝人得福，也可以咒人得祸。所以《释名·释言语》解释说："祝，属也。以善恶之词相属也。"

"臭"这个词，本义是嗅。但上古的常用义是指所嗅的对象——气味。"臭"作气味讲，并不分难闻与好闻。所以孔颖达说"古者香气秽气皆名为臭"[2]。如《易·系辞》："其臭如兰。"这"臭"显然是指好闻的气味。《吕氏春秋·遇合》："人有大臭者，其亲戚兄弟妻妾知识无能与居者。"这"臭"，则是指难闻的气味。

"祝"的内容可善可恶，"臭"的气味可香可臭。古文中的这种现象，前人又称为"美恶同

[1]《说文解字注》"祝"字条。
[2]见《尚书正义·盘庚》疏。

词"。

以上所介绍的，大多是由于词义概括的范围本来比较广，而在使用时有时偏在这一边，有时又偏在那一边，于是就出现不同的意义。但古文一词多义还有更复杂的情况。如"兵"这个词，古代一般指兵器，也常用来指军队，有时也指兵士。又可以用来指战争，《左传·隐公四年》："夫兵，犹火也。"还可以用来指战争策略，《孙子·谋攻》："故上兵伐谋"；作动词用，可以指砍杀，《左传·昭公元年》："兵其从兄，不养亲也。"也可以指一般的伤害，《吕氏春秋·侈乐》："其王之与乐也，若冰之于炎日，反以自兵。""自兵"即伤害自己的意思。

对古文中一词多义的现象认识不足，贸然用自己熟悉的词义去解释，或妄以臆度，是误解古书的原因之一。

如"蓝"，本是草名。由于它能染色，故用蓝草染的色也叫"蓝"。"蓝"在古代兼有草与色二义。苏东坡没有认识到这一点。而在宋代"蓝"只指颜色。于是他就批评《荀子·劝学》"青出于蓝"这句话"无异梦中语"。他认为青和蓝都是色，那就等于说"色出于色"，这还成什么话[1]!

────────

[1] 见元李冶《敬斋古今黈拾遗》卷一。

39

又如"王命工以良金写范蠡之状而朝礼之"。（《国语·越语》）这里的"写"，有人感到用今义"书写"解释不可通，于是就求助于字音，认为"写"是"削"的通假字，显然是误解。"写"在古代除"书写"义外，还经常用来表示照某种东西的原样仿制或描摹。《韩非子·外储说左上》"卜子妻写弊裤"的"写"，也是指按破裤的样子仿制。《新序·杂事》"钩以写龙，凿以写龙，屋室雕文以写龙"的"写"，同样如此。

古文中一个词往往有许多意义，但它们之间多半是联系着的。一般来说，其中有一个是这个词的本来意义，叫做本义，另外一些意义则是由本义引申发展而来的，叫做引申义。

如前面所说的"兵"这个词，本义是武器。由此引申，可以指使用武器的人（兵士），和用武器装备的集团（军队）；可以指双方大规模使用武器（战争），和使用武器作战的策略（战略）；还可指用武器伤害人（砍杀）；再由用武器伤害，引申为一般的伤害。

又如"写"这个词，《说文》云："置物也。"段玉裁注："谓去此注彼也。"本指东西从一个容器传置到另一个容器里。由于传置必须先把东西从一容器弄出去，因此，可以作排泄讲，如《淮南子·修务》："据地而吐之，尽写其所食。"这个意义后代写作"泻"。用于抽象事物，可以作散泄、泄除讲，如"驾言出游，以写我忧"（《诗·邶风·泉水》）。忧闷泄除了，内心就宽畅，所以又可引申作舒展、舒畅讲，如"既见君子，我心写兮"（《诗·小雅·蓼萧》）。

从把东西排除出去这个意思，又可以引申为一般的免除，"卧名利者写生危。"（《管子·白心》）尹知章注："卧犹息也，写犹除也。能息名利，则除身之危。"

传置的意义加以扩大，就可以表示搬卸，如"旋车完封，写之权门。"（《后汉书·皇甫规传》）这个意义后来又写作"卸"。用来指远距离传置，就是转运的意思，如"乃写蜀荆地材皆至。"（《史记·秦始皇本纪》）

进而，把物体的外形从甲处传置到乙处，也可以叫"写"。所以"写"在古文中常用来表示仿肖物体的形状复制或摹写，如《史记·秦始皇本纪》："秦每破诸侯，写放其宫室。"现代汉语写真、写照、写生的"写"，也还是这个意思，都是从传物之体，引申为传物之貌。

由"此本传于彼本，犹之以此器传于彼器也"，所以，照书籍原文抄录也叫"写"。如《汉书·艺文志》："孝武置写书之官。"[1]

　　本义和引申义的关系，从内容上看，有的是互相关联的。如从"写"的本义"去此注彼"引申为排除、搬卸等；有的是互相类似的，如由"写"的本义，引申为复制、摹写、抄写等。从形式上看，有时如一根数蘖，几个引申义都直接由本义引申出来。如上述"写"的排除、搬卸、摹写、抄写等引申义都是如此；有时如"节外生枝"，由本义产生引申义，引申义还可以再产生引申义。如从"写"的本义引申为排泄，再由排泄引申为宽舒。"兵"从本义"武器"引申为"军队"，再由"军队"引申为"战争"，由"战争"引申为"战略"。

　　掌握词义引申变化的线索，学会从本义出发来理解各种引申义，能收到溯源及流，举一反三之效。并能把纷纭复杂的词义贯穿起来，使之条理化，而不至于在多义词面前感到眼花缭乱，茫无头绪。当然，关键在掌握词的本义。抓住本义，则如裘挈领，如网在纲，就能以简驭繁，更确切地把握古文词义。

　　但是，我们在阅读时还会发现，古文中的一词多义，并不是本义和引申义所能概括得了的。

[1]参见顾炎武《日知录》卷三二、赵翼《陔余丛考》卷廿二、钱锺书《管锥编·史记会注考证》。

如"索"这个词，本义是大绳子。在古文中却常用作"搜求"讲。有时又有孤独的意思，如成语"离群索居"；还可作"尽"讲，如"士民病，蓄积索"。(《韩非子·初见秦》)"之"这个词，本义是往。在古文中经常用作代词"它（他）"，指示代词"这"和助词"的"。这些意义和用法，跟词的本义和引申义都不存在任何联系。它是由文字假借而产生的，应称之为假借义。

对于古文中的词存在与本义无关的假借义认识不足，也会导致对文意的误解。如"见郡国多不便县官作盐铁，铁器苦恶，贾贵。或强令民买卖之"。(《史记·平准书》)"苦"的本义是一种味苦的草，引申可作味苦、痛苦解。于是，裴骃《史记集解》说"谓作铁器，民患苦其不好"。司马贞《史记索隐》说"言盐既苦，而器又恶"。这两种解释，联系上下文都是讲不通的。其实，这里的"苦"指铁器的粗劣不坚牢。用的是"苦"的假借义。古文中，有时又借用楛、沽、盬等字来表示。

假借义的获得，不能由本义推求，必须依赖古代传注，以及从古代书面语言材料的分析比较中去探取。如：

> 窋既洗沐归，时间自从其所谏参。
>
> ——《汉书·曹参传》

颜师古注："自从其所，犹言自出其意也。"近人杨树达说："凡云'从其所'者，皆谓'由其意'也。'从'者，'由'也；'所'者，'意'也。"[1]

"所"的本义是斫木声。作"意"解，是它的假借义。验之古文，确非无稽之谈。

> 上有酒所，从容视贤笑曰："吾欲法尧禅舜何如？"
>
> ——《汉书·佞幸传》

王先谦《汉书补注》释"酒所"为"酒意"。

> 上视而笑曰："此非不足君所乎？"
>
> ——《史记·绛侯列传》

> 封汝爵为千乘，东南尽日所出，尚未足黥徒群盗所邪？而反何也？
>
> ——《楚汉春秋》

"君所"即"君意"，"黥徒群盗所"即"黥徒群盗意"[2]。由此我们可以推知《战国策·赵策》中有一个难句"恣君之所使之"，实在也应理解为"恣君之意使之"。

《左传·定公三年》："阍以瓶水沃廷。邾子见之，怒。阍曰：'夷射姑旋焉。'"杜预注：

---

[1]见《古书疑义举例续补》第二十三、《汉书窥管》卷四。
[2]见《古书疑义举例续补》第二十三、《汉书窥管》卷四。

"旋，小便。""旋"，本义是旋转，作"小便"讲，是它的假借义。这是依赖杜注才明了的。韩愈《张中丞传后序》"贼缚巡等数十人坐，且将戮。巡起旋。其众见巡起，或起或泣。"这里的"起旋"，也是说起身小便。有人根据"旋"的本义，注为"起身绕行"；有些注本则视为常语，不加注释，均不知从古注中去探求词的假借义。

总之，古文中一词多义的现象是相当复杂的，必须在阅读实践中，借助旧注和工具书，逐步去熟悉。当然，首先应该掌握的是古文中常用词的各种常用义。然后再进一步探索词的本义，"本义明而后余义明，引申之义亦明，假借之义亦明"[1]。

（三）词义的古今

语言中的词汇又是社会现实最直接的反映。因而，随着社会的发展，同一个词，在不同的时代，它的意义往往存在不同程度的差别。

如"履"这个词，在战国以前是践踩的意思，不指鞋子。鞋子在当时称"屦"。"纠纠葛屦，可以履霜。"（《诗·魏风·葛屦》）"履"和

---

[1]江沅《说文解字注后序》。

"屦"分得很清楚。在《易经》、《诗经》、"三礼"(《礼记》、《仪礼》、《周礼》)、《左传》、《孟子》等书中，都没有例外。从战国时代开始，"履"才逐渐由动词转为名词，取代"屦"的地位。

"字"这个词，在春秋战国时期，没有"文字"的意义。而是指生育、抚养孩子。如：

女子贞不字，十年乃字。

——《易·屯》

其儽无子，使字敬叔。

——《左传·昭公十一年》

上例中"女子贞不字"是说"女子久不生育"；"使字敬叔"是说"让她抚养敬叔"。都不作"文字"解。大约从秦始皇时代开始，"字"才用来指文字，到了汉代"文字"就成了"字"的常用义，如"分文析字"(《汉书·刘歆传》)。

清初学者顾炎武在《日知录》中，还举过一个很典型的例子。他指出"寺"这个词的意义，曾随时代不同，变化三次：秦代以前，"寺"是"侍"的意思。《诗经》、《左传》都有"寺人"之称，指的就是侍候的奴仆、宦官；秦以后，用来指官府。先是指中央机构，如太常寺、大理寺等。后来县以上的政府机构所在的房舍都可称"寺"，如"父为县吏，得罪于令，将收杀之。

恢年十一，常俯伏寺门，昼夜号泣"。(《后汉书·乐恢传》)这里的"寺门"即县衙门。自魏晋开始，"寺"才变为寺庙的专称。如："至晋永嘉，惟有寺四十二所。"(《洛阳伽蓝记·序例》)这里的"寺"，就是指僧尼住的寺庙。据顾炎武考证，"寺"的词义由"侍"变为"官舍"之称，是由于"秦以宦者任外廷之职"故"官舍通谓之寺"[1]。而由"官舍"变为寺庙之称，南宋叶梦得认为"汉以来九卿官府皆名曰寺，鸿胪其一也。本以待四裔宾客。明帝时摩腾竺法兰，自西域以白马负经至，舍于鸿胪寺。既死，尸不坏，因留寺中。后遂以为浮屠之居。即洛中白马寺也。僧居称寺本此"[2]。由此，我们可以看到，词义的发展变化，与社会现实的变化是密切相关的。

再如"仅"这个词，词义的发展变化还有一段曲折的过程。在先秦两汉时期，是极言数量之少，或指情况限于某个较低的限度，如：

狡兔有三窟，仅得免其死耳。

——《战国策·齐策》

但在自六朝至唐宋这一时期内，"仅"却是极言数量之多，或指情况达到某种较高的程度。

[1]见《日知录》卷二十八。
[2]见《石林燕语》卷八。

【二 确切理解古文词义】

有"将近"、"几乎"等意思。如：

> 初守睢阳时，士卒仅万人，城中居人户亦且数万，巡因一见问姓名，其后无不识者。
>
> ——韩愈《张中丞传后叙》

这里的"仅万人"，不是说只有一万人，而是说将近万人，表数量之多，以说明张巡超人的记忆力。

> 因作力推去其碑，仅倾陊者再三。
>
> ——罗隐《说石烈士》

"仅倾陊（堕）"就是"几乎倾倒"的意思。

到了唐宋以后，"仅"又仍然用来极言数量之少。如归有光《项脊轩志》："项脊轩，旧南阁子也。室仅方丈，可容一人居。"

了解古文中的词，在不同的时代可以有不同的含义，对于确切理解古文是很有必要的。正如明代学者杨慎所说的，"凡观一代之书，须晓一代之语"[1]。譬如，知道"仅"这个词意义的变化。读到《韩非子·内储说上》"市南门之外，甚众牛车，仅可以行耳"，我们可以根据《韩非子》是先秦作品，断定这里的"仅"是"只"的意思。而白居易《昭国闲居》"槐花满田地，仅绝人

[1]见《俗言》卷一。

行迹"，是唐代作品，那么后一句就应解为"几乎绝人行迹"了。又如，我们了解了"信"的"书信"义是中唐才开始有的。魏晋以来，"信"作名词多指"使者"。那么读到《世说新语·文学》"再遣信令还，而太傅留之"，古乐府"有信数寄书，无信心相忆"，就不会把其中的"信"误解为"书信"了。

从古代汉语发展到现代汉语，由文言变为白话，意义存在差别的词更为常见。如"揭"这个词，在白话中是指把盖合或粘合着的东西分开。但在文言中却是"高举"的意思，如贾谊《过秦论》"斩木为兵，揭竿为旗"。因而，不能把成语"昭然若揭"解为"明白得好像把遮盖着的东西揭开一般"。

又如"僵"这个词，在现代汉语中是僵硬的意思，但在古代汉语中却是"倒仆"的意思。"详僵而弃酒"（《史记·苏秦列传》），"详僵"就是假装倒下。"今大石自立，僵柳复起，非人力所为"（《汉书·眭弘传》），"僵柳"即枯倒在地的柳树。成语"百足之虫，死而不僵"，也是说百足虫由于脚多，死了也不至于趴下。

汉语中还有不少词，古今词义有相同的一面，又有不同的一面。

如"暂"这个词，古今都有短暂的意思。但

在现代汉语中，"暂"可作"暂时"讲，古文中没有；而古文中，"暂"可表示"突然"这个意思，又是现代汉语所没有的。例如《史记·李将军列传》："（李）广暂腾而上胡儿马。""暂腾"即"突然跃起"。白居易《琵琶行》："如听仙乐耳暂明。""暂明"就是"突然清亮"。

再以"骤"这个词为例。"骤"，古今都有急速的意思。但在现代汉语中，主要作"骤然"、"突然"讲，而在古代汉语中，则主要用来表示"屡次"。如"问于李克曰：'吴之所以亡者，何也？'李克对曰：'骤战而骤胜。'"（《吕氏春秋·适威》）"骤战骤胜"就是"屡战屡胜"。"时不可兮骤得，聊逍遥兮容与。"（《楚辞·九歌·湘夫人》）"骤得"即多次得到。"骤"作"屡次"讲，是古文中的常用义。段玉裁也说："今之'骤'为暴疾之词，古则为屡然之词。凡《左传》、《国语》言'骤'者，皆与'屡'同义。"[1]

汉语中有些常用词，虽然基本意义古今相同，但由于社会的发展，客观事物本身的变化，词所反映的具体内容古今并不完全一致。

如"烛"这个词，在先秦时期就有了。跟现代一样，"烛"也是用来照明的，但却不是后代的

----

[1]《说文解字注》十上"骤"字条。

蜡烛，而是用荆条或麻苇做的火把。因而，必须有专人拿着，如"童子隅坐而执烛"（《礼记·檀弓》）。

"坐"这个词，古今基本意义也相同。但"坐"的姿势却大不一样。古代的坐，相当于现代的跪。坐时两膝着地，臀部压在脚跟上。这种姿势又叫"安坐"；如果腰部伸直，臀部离开脚跟，叫"长跪"，又叫"危坐"，是一种恭敬、严肃的表示。成语"正襟危坐"就是这个意思[1]。知道古人"坐"的姿势，读到《三国志·管宁传注》管宁常坐一木榻，时间长了"其榻上当膝处皆穿"，就不会有疑问了。我们今天的"坐"，臀部着地，两脚前伸，古代叫"箕踞"，是一种很不礼貌的姿势。

又如"步"这个词，古今都经常用来指脚跨出去的距离。但今人以一脚不动，一脚前跨的距离为一步，古人称"一举足为跬，再举足为步"。也就是说，两脚先后向前跨一次，合起来的距离叫一步。可见，今人所说的"步"，是古人说的"跬"；古人说的"步"，等于现代的两步。《荀子·劝学》"骐骥一跃，不能十步"。这里的"十步"，就是现代的二十步。

---

[1]见郝懿行《尔雅义疏·释诂下》。

汉语中的双音词，古今词义有差别的，也不少见。如"土壤"这个词，现代汉语中指泥土。但在古文中却常用来指乡里。例如：

我与稚季，幸同土壤。

——《汉书·孙宝传》

天下士大夫捐亲戚、弃土壤，从大王于矢石之间者，其计固望其攀龙鳞、附凤翼以成其所志耳。

——《后汉书·光武帝纪》

又如"感激"一词，今义是"因对方的好意而对他产生好感"。但在古文中却是因受到感触而振奋起来的意思。例如：

又云"相国已率三十万众而行讨（锺）会"，欲以称张形势，感激众心。

——《三国志·魏书·三少帝纪》

昔长安市侩有刘仲始者，一为市吏所辱，乃感激，蹋其尺折之。遂行学问，经明行修，流名海内。

——《三国志·魏书·裴潜传注》

"感激众心"不是感谢众人心意，而是指使军心受感触而振奋起来。后一例，说刘仲始受辱后"乃感激"，更可以明显看出与今义的差别。"由是感激，遂许先帝以驱驰"（《出师表》）的"感激"，也应这样理解。

有些双音词，古今词义的差别，表现在词的感情色彩和褒贬义方面。如称人为"爪牙"，用的是词的比喻义。这在《诗经》里就出现了。现代汉语中也是常用词。但现代专指坏人的党羽，带有鲜明的贬义。而古文中却是亲信武臣、得力辅佐的意思，不仅没有贬义，还有褒义。例如：

上报曰："将军者，国之爪牙也。"

——《汉书·李广苏建传》

今阁下为王爪牙，为国藩垣。

——韩愈《与凤翔邢尚书书》

懂得这个差别，我们可以发现，杜甫《壮游》"爪牙一不中，胡兵更陆梁"，其中的"爪牙"，也应指与"胡兵"相对的唐王朝将领，不是指敌人爪牙。解为"击其爪牙，可惜一击不中"是错误的。

再如"猖狂"这个词，现代汉语中也带有浓厚的贬义。古文中却并不如此。例如：

当此之时，万民猖狂，不知西东。含哺而游，鼓腹而熙。

——《淮南子·俶真训》

胸中愁忧，目视茫茫，行步猖狂。

——《吴越春秋》卷三

这里的"猖狂"，大体上是昏痴乱跑的意思，并不带感情色彩。现代汉语作"狂妄而放肆"

讲，是词义引申发展的结果。

不了解古今词义的差别，是我们今天不能顺利读懂古书，甚至误解古书的重要原因。例如，有人把《史记·齐悼惠王世家》"高后儿子畜之"这句话，解为"吕氏将朱虚侯刘章像儿子似的看待"。把《史记》中的"儿子"径直译为现代汉语的"儿子"。这就是不明古今词义差别所造成的误解。刘章是齐悼惠王刘肥的儿子，刘邦的孙子。论辈份，也是吕后的孙子。吕后把孙子当儿子看待，抬高他的辈份，岂不是重视他了吗？但从上下文意看，吕后实际上是轻视这个年仅二十岁的青年的。可见，这里的"儿子"显然不等于现代汉语的"儿子"。原来，古文中的"儿子"一词，是"小孩子"的意思。如：

> 长男即自入室取金持去，独自欢幸。庄生羞为儿子所卖，乃入见楚王。
>
> ——《史记·越王勾践世家》
>
> 儿子动不知所为，行不知所之。
>
> ——《庄子·庚桑楚》

这些例子中的"儿子"，都只能作小孩子理解。

谈到古今词义的差别，还必须指出，古代汉语中有一些词，经常结合在一起使用，但意思却不等于这些词的意义相加。它是流行于一定时期、一定地区的熟语。它们的意义和用法也是现代汉语所没有的。

如在先秦两汉时期古文中，常见"家人"这一说法。意思却不是家里的人。例如：

> 尧以天下让许由，许由逃之，舍于家人，家人藏其皮冠。

——《韩非子·说林》

> 家人有客，尚有倡优奇变之乐，而况县官乎？

——《盐铁论·崇礼》

这些例子中的"家人"，都是"平民百姓"的意思。"惠帝与齐王燕饮，亢礼如家人"，（《史记·齐悼惠王世家》)也是说彼此以平等礼节相待，像平民百姓一样（不分君臣）。有人译为"彼此平等，像一家人一样"。是不知道"家人"为当时熟语的误解。

又如"不能"连用，在古文中也经常出现。但却不是"不能够"的意思，而是表示数量的不足、不满。正如杨树达所说的"古人凡云不至某数曰不能"[1]。例如：

> 于是不能期年，千里之马至者三。

——《战国策·燕策》

---

[1]《汉书窥管》卷四。

"不能期年"即"不满一周年"。

> 方今大王之兵众，不能十分吴楚之一。
>
> ——《史记·淮南王列传》

"不能十分吴楚之一"即"不足吴楚的十分之一"。

有时又写作"未能"。"调校尉以来，未能十日，燕王何以得知之？"（《汉书·霍光传》）"未能十日"即"不到十天"。

以上诸例中的"不能"，常被人理解为"不能达到"，虽然大意相近，但却犯了增字解经的毛病。"今韩信兵号数万，其实不能。千里袭我，亦已罢矣！"（《汉书·韩彭英卢吴传》）"其实不能"，即"其实不足"，指韩信军号数万，事实上不足此数。王先谦不明"不能"的含义，误以为当在"不"字下断句，"能"字属下[1]。

对词义的时代差别，我们读古书时特别要留意。由于目前还没有一部完善的《汉语大词典》，要掌握这些差别是有一定困难的。必须在阅读实践中，参考工具书，吸收前人的研究成果，不断进行分析、比较。

---

[1] 见《汉书补注》。

三 认识古文用词的特点

古文中词的用法，与现代白话文相比，有一些特殊的规律。因此，要透彻理解古文，还必须辨清词在句中的用法。在这方面最值得注意的是实词的活用和虚词的特性。

（一）实词用法灵活

汉语中一个词属于某一词类，基本上是固定的。各类词在句中的职务也有一定的分工。这就是所谓"词有定类，类有定职"。但是，古文中有一部分词用法却很灵活。它们在实际语法结构中，超出了本职范围，而临时充当别的职务，取得另一类词所具有的语法功能。古文中词的这种越俎代庖现象，语法书上称为词类的活用。

词类的活用，是词在句中的临时功能，离开了具体的语言环境或上下文，它的这种意义和用法就不存在。词在句中活用以后，常常既保留了原来的意义又增加新的意义。它是古文用词的一个特点，直接关系到对文意的理解。

古文中的词类活用主要表现在实词方面。常见的有：名词用作动词、数词用作动词、名词用作状语、动词的使动用法和意动用法。

1. 名词用作动词

一个词本属名词，但在一定的语言环境和上下文里，具有动词的功能。这是古文中最常见的一种词类活用。例如：

> 吴子执锺吾子，遂伐徐，防山以水之。
>
> ——《左传·昭公三十年》

> 宋人有学者，三年反而名其母。其母曰："子学三年，反而名我，何也？"
>
> ——《战国策·魏策》

在汉语中，名词是不能带宾语的，但就上面例子看，"防山"、"水之"、"名其母"、"名我"都是动宾结构。"防山"是筑堤堵山谷；"水之"是用水灌它（徐国）；"名其母"是喊他母亲名字；"名我"是喊我名字。这里的名词"防（堤）"、"水"、"名"都用为动词。可见，如果名词后边带有名词、代词、名词性词组做宾语，这个名词就活用为动词。尤为明显的是，古文中的代词，一般是不受别的词修饰的，它和前面的名词组合，只能是动宾关系。因此，古文中的代词，特别是代词"之"前边的名词，一般都可看作活用为动词。

古文中的名词，有时单独用在"于"字结构之前。如：

> 后妃率九嫔蚕于郊，桑于公田。

——《吕氏春秋·上农》

"于"字和它后边的名词组成的结构，它的主要作用是在动词或动宾词组后面作补语，因而它前边的名词也活用为动词。"蚕于郊"即养蚕于郊；"桑于公田"即采桑于公田。"蚕"与"桑"都用作动词。值得注意的是，古文中表处所的补语，可以直接放在动词后，不用"于"介入。如："沛公军霸上，未得与项羽相见。"（《史记·项羽本纪》）"军霸上"即"军于霸上"，"军"，名词用作动词，是"驻军"的意思。

在古文中，名词有时用在助动词、副词之后。如：

> 夫鼠，昼伏夜动，不穴于寝庙，畏人故也。

——《左传·襄公二十三年》

> 死者犹可药，而况生乎！

——《韩诗外传》卷十

在上面例子中，名词"穴"用在否定副词"不"之后；名词"药"前连着助动词"可"。汉语中，副词、助动词的主要职能是用在动词前作状语。所以，这里的"穴"和"药"，都活用为动词。"穴"是挖洞的意思；"药"是用药治疗的意思。由此可知，名词前有助动词或副词做状语，这个名词一般就活用为动词。

古文中的名词，有时用在连词"而"的前后。如：

> 故禹之裸国，解衣而入，衣带而出。
>
> ——《淮南子·原道》

> 家贫躬耕，计口而田，度身而蚕。
>
> ——《三国志·魏书·王脩传注》

汉语中的连词"而"所连接的词语都是动词性或形容词性的，没有名词性的。"而"不能连接名词。因此，在它前后的名词，一般用如动词。上例中"衣带"用在"而"字前，是穿衣、系带的意思；"田"与"蚕"用在"而"字后，是"耕作"、"养蚕"的意思。都用作动词。

古文中的名词，有时单独处于谓语的地位。如：

> 五年冬十月，雷。桃李华。枣实。
>
> ——《汉书·惠帝纪》

这里的"雷"是无主句，它本身是谓语，是

"打雷"的意思。用作动词。"桃李华（花）"和"枣实"，如看作名词性词组，均不成句。"华"和"实"是谓语，指"开花"和"结实"，在句中也用作动词。可见，如果名词处在谓语的位置，句中又没有其他可以充当谓语的词，则一般用作动词。

有的句子形式比较特殊，主谓关系不明显，那么，认识这种活用，就有一定困难。如：

　　横成则秦帝，从成即楚王。

——《战国策·秦策》

这里的"秦帝"和"楚王"都不是名词性词组，而是独立存在的分句，"帝"和"王"在句中作谓语，是"称帝"、"称王"的意思。用作动词。又如：

　　鼎铛玉石，金块珠砾。

——杜牧《阿房宫赋》

这两句实际上是由四个小句组成。其中的"铛（铁锅）"、"石"、"块（土块）"、"砾（沙砾）"也都是名词单独作谓语，作动词用。意思是：鼎如铛，玉如石；金如块，珠如砾。形式稍觉特殊，但仍合古代文法。金人王若虚认为这几句话"无乃太艰诡而不成语乎！"[1]说明他对这

---

[1]《滹南遗老集》卷三十六。

一语言现象缺乏足够的认识。

汉语中的东、南、西、北、前、后、左、右等表示方位的词，也属于名词一类。在古文中也经常活用作动词。这种活用，是以动作的方向代替相应的动作。如：

> 项梁起东阿，西，比至定陶，再破秦军。
>
> ——《史记·项羽本纪》

这里的方位词"西"，在句中单独作谓语，用如动词，是向西进发的意思。古文中这一语言现象有时也会被误解。如：

> 汉王之败彭城西，楚取太上皇、吕氏为质。
>
> ——《史记·陈丞相世家》

这一例句引自中华书局《史记》标点本。从前一句看，"西"只是一般的方位名词，是说刘邦在彭城西边被打败。其实并不是那么回事。《史记·高祖本纪》"汉王之败彭城而西"可以为证。是说刘邦在彭城战败，向西撤退。所以，"西"应单独成句，活用为动词。应读作"汉王之败彭城，西"。

> 卫鞅复见孝公，公与语，不自知膝之前于席也。
>
> ——《史记·商君列传》

这里的方位名词"前"，后边带有介词结构

"于席"做补语。因而也用如动词。"前于席"
是在席上向前移动的意思。有时"于"字可以省
略。如《汉书·贾谊传》"至夜半，文帝前席。"
这里的"前席"，也就是"前于席"，"前"用作动
词。李商隐《贾生》诗"可怜夜半虚前席"，用的
是这一典故。"虚前席"是说徒然在席上向前移
动。有人误解为"把前面的席位空出来"，也是忽
略了这一语言现象所造成的。

2. 数词用作动词

数词活用为动词，在古文中也较常见。如：

> 昔桀杀关龙逢，而纣杀王子比干，今君
> 虽杀臣之身以三之，可也。
>
> ——《韩非子·十过》

> 民参其力，二入于公，而衣食其一。
>
> ——《左传·昭公三年》

前一例中，数词"三"带有代词"之"做宾
语，后一例中，数词"参（三）"带有名词性词
组"其力"做宾语。因此，都活用为动词。"三
之"是"与之并列为三"的意思；"参其力"是
"三分其力役的收入"的意思。又如：

> 此三子者，皆布衣之士也，怀怒未发，
> 休祲降于天，与臣而将四矣。
>
> ——《战国策·魏策》

王若能持功守威，绌攻取之心，而肥仁
义之地，使无后患，三王不足四，五伯不足
六也。

——《史记·春申君列传》

前一例，数词"四"前面带有副词"将"做
状语，已活用为动词。是"成为四个"的意思；
后一例，数词"四"和"六"的前面带有助动词
"足"做状语，也都活用为动词。是"并列为
四"、"并列为六"的意思。

数词用在名词或名词性词组前，可以用如动
词，也常常用作定语。阅读时应注意辨认。如：

先王之制，大都不过三国之一。

——《左传·隐公元年》

这里的"三国"不是三个国，而是"三分国
都"，即把国都分为三份的意思。是一个动宾词
组。"三"用作动词。

亮以亲族之怀，大为其名价，云：可
三二京，四三都。

——《世说新语·文学》

这里的"二京"指张衡的《西京赋》和《东
京赋》；"三都"指左思的《蜀都赋》、《吴都
赋》、《魏都赋》。"三二京，四三都"不能理解
为"三个二京赋，四个三都赋"。而是"与二京赋
并列为三，与三都赋并列为四"的意思。"三"、

"四"均活用为动词。

3. 名词用作状语

在现代汉语中，普通名词一般不能直接用来修饰动词。但在古文中，却经常可以看见普通名词直接用在动词前，对动词起某种修饰作用；在句中充当状语。

名词用作状语，最常见的是表示动作的方式或状态。如：

嫂蛇行匍伏，四拜，自跪而谢。

——《战国策·秦策》

以有司为屠灭之也，必雉兔逃入山林险阻。

——《汉书·严助传》

前一例，名词"蛇"用在动词"行"之前，表示"行"这种动作的方式状态。"蛇行"就是像蛇那样爬行。后一例，名词"雉、兔"用在动词"逃"之前，表示逃的状态。"雉兔逃"即像野鸡和兔子那样逃窜。这里都是用名词所代表的事物的行为特征，来描绘动词所表示的动作的方式或状态，带有浓厚的修辞意味。

名词作状语修饰动词，也经常用来表示动作的态度或依据。如：

先母之子皆奴畜之，不以为兄弟数。

——《史记·卫将军骠骑列传》

（张）汤坐床上，丞吏遇买臣，弗为礼。

——《史记·酷吏列传》

上面例子中，"奴畜之"即用对待奴隶的态度畜养他。"丞吏遇买臣"，是说用对待下属的态度对待朱买臣。名词"奴"和"丞吏"都用作状语，表示动作的态度或依据。但这种用法并不一定都是指对宾语的态度，有时可以指主语自身所采取的态度或依据的身份。如：

乃立长陵王佷仔为后，令母养太子。

——《汉书·宣元六王传》

必如公言，即奴事之耳，又何战为？

——《史记·宋微子世家》

"母养"即用母亲的身份抚养。"奴事"即以奴隶的身份侍奉。这种用法，并不罕见。金人王若虚却认为这里的"奴事""句法亦自不顺。凡尊奉其人，则有曰师事、父事、兄事者；鄙贱其人，则有奴使、奴视、奴畜者。上一字属乎彼而已。今此奴字，以意则属乎我，以句法则属乎彼，岂非思之不审欤？"[1]王氏认为上一字（名词状语）只能属乎彼（宾语），不能属于我（主语），可谓少见多怪。

名词作状语修饰动词，还可以表示动作所使

---

[1]《滹南遗老集》卷十九。

用的工具，或动作发生的处所。如：

　　王有所爱姬，王后使人酖杀之。

——《史记·吕后本纪》

　　故夫泥蟠而天飞者，应龙之神也。

——班固《答宾戏》

　　前一例，"酖"是毒酒，名词，用在动词"杀"前，表示动作的工具。一般可以加"以（用）"来理解。"酖杀之"即用毒酒毒死她。后一例，名词"泥"和"天"用在动词"蟠"和"飞"之前，表示动作的处所。一般可以加"于（在）"来理解。"泥蟠"即在泥中蟠，"天飞"即在天上飞。

4. 动词的使动用法和意动用法

　　古文中有这样一种用法的动词，它用在宾语前面，使得宾语所表示的人或事物产生这种动作和行为。这就是动词的使动用法。如：

　　吾在难中，此乃子之报怨时也，何故逃我？

——《说苑·至公》

　　这里的动词"逃"用在宾语"我"前面，它使得宾语"我"产生"逃"这种行为。"逃我"即使我逃。由于使动用法中的宾语不是动作的受事者，因此，这类动词大多是不及物动词，但有时也可以用及物动词充当。如：

（商丘）成至浚稽山与虏战，多斩首。

（马）通至天山，虏引去，因降车师。皆引兵还。（李）广利败，降匈奴。

——《汉书·武帝纪》

这里的"降车师"是说马通使车师国投降；"降匈奴"则是说李广利投降匈奴。前者是使动用法，后者是一般动宾关系。形式相同，意思恰好相反，必须根据上下文意，认真识别。

有时这类动词所带的成分较复杂，更必须细心分析其语法结构。如：

然赢欲就公子之名，故久立公子车骑市中。

——《史记·信陵君列传》

令平阳侯告卫尉："毋入相国产殿门"。

——《史记·吕太后本纪》

前例"久立公子车骑市中"即"使公子车骑久立市中"，"立"是使动用法，后面带有宾语"公子车骑"，又带有补语"市中"。后例"毋入相国产殿门"即"毋使相国吕产入殿门"。作使动用法的动词"入"，后面带有"相国产"和"殿门"两个宾语。

作使动用法的动词，有时可以由形容词转化而来。它用在宾语前面，使得宾语所表示的人或事物，具有这个形容词所表示的性质或状态。如：

世之灾，妒贤能。飞廉知政任恶来。卑其志意，大其园圃，高其台。

——《荀子·成相》

"卑其志意"即使其志意卑下；"大其园圃"即使其园圃大；"高其台"即使其台高。形容词"卑"、"大"、"高"都是使动用法。

形容词带上宾语，是作使动用法的重要标志。但宾语有时可以省略。如：

强本而节用，则天不能贫。

——《荀子·天论》

"不能贫"即不能使之贫。"贫"字后省略了代词宾语"之"。

作使动用法的动词，有时还可以由名词转化而来。它放在宾语前面，使得宾语所表示的人或事物，成为这个名词所表示的人或事物。

陛下之与诸公，非亲角材而臣之也，又非身封王之也。

——《汉书·贾谊传》

"臣之"即使他们为臣；"王之"即使他们成为诸侯王。名词"臣"、"王"都是使动用法。其中宾语有时也可以省略。如：

唯郅支单于叛逆，未伏其辜，大夏之西，以为强汉不能臣也。

——《汉书·陈汤传》

【三 认识古文用词的特点】

"不能臣"即"不能臣之",意思是不能使他为臣。

名词可以用来表示使动，也可以活用为一般动词。形式上并无区别，意思却大不相同。阅读时，必须引起注意。如：

> 智伯伐中行氏，并吞其地。豫让背其主而臣智伯。

> ——《淮南子·主术训》

> 故以义则仲尼不服于哀公，乘势则哀公臣仲尼。

> ——《韩非子·五蠹》

前例"臣智伯"是"臣于智伯"，做智伯的臣子。名词"臣"活用为一般动词。后例"臣仲尼"是使仲尼为臣。"臣"是使动用法。

专有名词作使动用法的动词，是一种较为特殊的语法现象。古文中也不多见。如：

> 国宝曰："将曹爽我乎？"

> ——《资治通鉴》卷一〇九

"曹爽我"即"使我成为曹爽"的意思。这是东晋权臣王国宝说的话。他认为王珣的劝告，是想使他成为魏国的曹爽，交出兵权，而最后被灭族。

方位名词作使动用法的动词，在古文中则比较常见。如：

齐侯执阳虎，将东之。阳虎愿东，乃囚
诸西鄙。

——《左传·定公九年》

　　这里的"东之"即"使他到东边去"的意
思。方位词放在宾语前，使得宾语所表示的人或
事物，按照这个方位词所表示的方向行动。

　　在古文中，还经常可以见到这样用法的动
词。它用在宾语前，表示当事人主观上认为宾语
所代表的人或事物怎么样。称为动词的意动用
法。这种用法的动词多数由形容词转化而来。如：

　　其家皆智其子而疑邻人之父。

——《韩非子·说难》

　　孔子登东山而小鲁，登泰山而小天下。

——《孟子·尽心》

　　"智其子"即认为其子智；"小鲁"是认为
（觉得）鲁小，"小天下"是认为（觉得）天下
小。形容词"智"、"小"都是意动用法。

　　作意动用法的动词，有时也可以由名词转化
而来。表示当事者主观上把宾语看成这个名词所
表示的人或事物。如：

　　臣闻王者父天母地，宝有山川。

——《后汉书·李固传》

　　"父天"，即把天看作父亲，"母地"，即把地
看作母亲。名词"父"、"母"都是意动用法。

实词活用，是古文中相当常见的语言现象。有的确实可以认为是一种比较精炼的说法。如：蚕食、瓜分、鱼贯、响应、云集、蜂涌、席卷等。前一字都是名词用作状语，用来比喻动作的方式或状态，精炼而又形象。后来都凝固成一个词，一直保留在现代汉语中，充分显示了它的生命力。但总的说来，这种词类运用的灵活性，是上古时期，人们词性概念不明确的反映，是汉语发展过程中的产物。它在表达上存在一定的局限性。有时同一个词，同一种活用，意思却并不一样。如：

　　勇士入其大门，则无人门焉者。

——《公羊传·宣公六年》

　　"门焉"的"门"是名词用作动词，意思是守门。

　　晋侯围曹，门焉，多死。

——《左传·僖公二十八年》

　　这里的"门"，也是名词用作动词，但却是攻门的意思。指晋军攻打曹国城门。

　　魏晋以后，词性逐渐固定，在语言中活用现象也大为减少。但在后代一些仿古作品中，仍很常见。一些古文家为了使自己的文章，更像三代两汉之文，往往有意识地把词类活用作为一种修辞手法，广泛加以运用。如：

孔子没，火于秦，黄老于汉，佛于晋、魏、梁、隋之间。子焉而不父其父，臣焉而不君其君，民焉而不事其事。孔子之作春秋也，诸侯用夷礼则夷之；进于中国，则中国之。

　　人其人，火其书，庐其居。

——均见韩愈《原道》

　　文中加“·”的名词，都用如动词。未免过滥。但后代古文家笔下却时有这种现象出现。阅读时必须仔细辨认，确切理解。

（二）虚词古今殊异

　　古文和现代白话文相比，就语法方面来说，差别最大的是虚词。现代汉语实词中的基本词汇大多是从古代继承下来的，虚词的继承关系却不明显。“之乎者也”被视为古文的特色，甚至成了古文的代称。古文中的虚词，数量虽然远不如实词多，但使用的频率却很高，用法又相当复杂。所以，清人袁仁林说，“千言万语，止此几个虚词出入参伍其间，而运用无穷”[1]。由于用法复杂，常使初学古文的读者望而生畏，向来认为“实字易训，虚字难释”[2]。因此，了解古文虚

────────────

[1]见《虚字说·虚字总说》。
[2]见《经传释词》阮元序。

词的特点，辨别古今虚词的异同，又是阅读古文的急务。

古代汉语的虚词，是在春秋战国时期才大量在古文中出现，并逐步发展成熟的。反映在先秦两汉的古文中，虚词的情况极为庞杂。

首先，是虚词用字分歧现象严重。同一用法的虚词，可以用很多不同的文字形式来表示。如：同一个范围副词"都"，可以写作"皆、悉、举、咸、佥"等；同一个假设连词"假使"，可以写作"如、若、苟、使、令、设、即、则、为、讵"等；同一个否定副词"不"，可以用"否、弗、未、毋、勿、无、亡、非、匪、靡、蔑、曼、微、罔"等字表示。更为常见的是，古文中的虚词常常因音同音近而通用。例如：

欲加之罪，其无辞乎？

——《左传·僖公十年》

"其"通"岂"，是表反问语气的副词。

与之地，即无地以给之。

——《战国策·韩策》

"即"通"则"，用作承接连词。

决之则行，塞之则止。虽有明君能决之，又能塞之。

——《管子·君臣》

"虽"通"唯"，用作范围副词。

唯毋欲与我同，将不可得也。

——《墨子·尚同》

"唯"又通"虽"，用作让步连词。

有些虚词，后代用法截然相反，可是在先秦时期却也有时因音近而通用。如"也"表肯定语气，"邪"表疑问语气，但正如段玉裁所指出的"今人文字'邪'为疑词，'也'为决词，古书则多不分别"[1]。如：

国君去其国，止之曰："奈何去社稷也？"

——《礼记·曲礼》

"也"通"邪"，表疑问语气。

甚矣！夫人之难说也，道之难明邪。

——《庄子·天运》

"邪"通"也"，表肯定语气。

"也"作为语气词，最早见于《诗经》，"邪"作语气词大约始于战国。马建忠认为"自《语》、《策》、诸子始用之"。又说"邪系楚音"[2]。可见，"也"和"邪"，可能是一个词由于方音差别而借用两个不同的字来表示。后代为了使虚词用法固定化，才逐渐有"疑"、"决"之分。

其次，古文中的虚词，用法相当灵活。多

---

[1]见《说文解字注》六下"邪"字条。
[2]见《马氏文通》四七二页。

数虚词，一个词可以当现代汉语好几个虚词用。阅读时，必须结合具体的语言环境，去找现代汉语中恰当的词语来解释，不能简单比附。如："立于不败之地"的"于"，是介词，介进动作的处所。相当于"在"；"千里之行，始于足下"的"于"，也用来介进处所，却跟"自"或"从"相当。"古已有之，于今为烈"的"于"，介进时间，相当于"到"。"忠言逆耳利于行，良药苦口利于病"的"于"，又应用"对"或"对于"来翻译；"问道于盲"的"于"，要解释为"向"；"嫁祸于人"的"于"，跟"给"相当，这三例又同是介进动作的对象。"霜叶红于二月花"的"于"，介进比较对象，跟"比"相当。"先发制人，后发制于人"的"于"，介进行为的主动者，跟"被"相当。"业精于勤"的"于"，介进原因，可以用"由于"来翻译。"毕其功于一役"和"喜形于色"的"于"，都是介进叙述的范围，前者可译作"在……中"，后者却要译作"在……上"。

　　以上仅就"于"作介词用的常见用法来说的，只是"一义多用"。如果就古文中某一虚词的全部意义和用法来看，还要复杂得多。特别是一词多类现象，甚为普遍。举"以"字为例：

　　　　以直报怨，以德报德。

——《论语·宪问》

这里的"以",是介词，意思相当于"拿"、"用"。

> 是故治世之音安以乐，其政和。
>
> ——《礼记·乐记》

这里"以"是连词，连接两个并列的词。

> 其妻问之，嬴曰："以刚。"
>
> ——《左传·文公五年》

"以刚"就是"太刚"，"以"又是用作副词，表程度。这里的"以"可以看作跟"已"相通。其实，在古文字中"以"和"已"是一个字。

《商君书·更法》："拘世以议，寡人不之疑矣。""拘世以议"一句，在《新序·善谋》中，写作"拘世之议"。可知"以"用如"之"，相当于"的"，是助词。

> 于以采蘩，南涧之滨。
>
> ——《诗·召南·采蘩》

"于以"，就是"于何"，是在什么地方的意思。"以"用如疑问代词。

> 夫燕宋之所以弑其君者，皆以类也。
>
> ——《韩非子·爱臣》

"以类"就是"此类"。"以"用作指示代词"此"。《水经·江水注》："虽乘奔御风，不以疾也。""不以疾"即"不此疾"，就是"没有这样快"的意思。

此外，"以"作实词，可用作名词，意思跟"理由"相近。还可以用作动词，作"用"或"以为"讲。

古文中的常见虚词，大多数都不是只有一种用法的。有的多到十余种，甚至数十种。如《古书虚字集释》"其"字条，列有大小义项五十多。"而"字也差不多，吕叔湘在《文言虚字》中说，古文中"可用'而'字的地方实在太多了，我们几乎可以说，问题不是何处可用'而'字，而是何处不可用'而'字。"这些都充分说明古文虚词的用法是极为灵活的。

古文虚词和现代汉语虚词，可以说各有一套系统。其中最明显的是语气词，古代用"矣、哉、乎、也、邪"，现代用"吗、呢、的、了、啊"，没有一个相同。古文中的虚词，毫无变化地保留在现代汉语中的，只是少数。有很大一部分常见虚词在现代汉语中已不再出现。这是因为，有些虚词，用法虽存在，但已经用了不同的词形来表示。如古文中的关联副词"亦"，现代写作"也"；表陈述语气的助词"矣"，现代写作"了"；表疑问语气的"乎"，现代写作"吗"；假设连词"若"、"苟"，现代写作"如果"、"假使"。等等。另有一些虚词，它们的用法，在现代汉语中却已绝迹。如古文中的发语词就是如此。试看下面例子：

> 夫人必自侮，然后人侮之。
>
> ——《孟子·离娄》
>
> 惟十有三年春，大会于孟津。
>
> ——《尚书·泰誓》

前一例，"夫"是发语词，用在议论的开头。后一例，"惟"是发语词，经常用在表时间的句子前。都很难说有什么意义和作用。现代汉语中没有这样用法的虚词。刘复在《中国文法通论》中说："'言归于好'的'言'，'聿修厥德'的'聿'，……简直全无作用，不过是依着习惯，在某种文句里实字太少，读起来不能成为一句时，就把某字装凑上去，使它足句。"这些可以说是虚中之虚，连语法意义也谈不上，只是为诵读的需要而凑个音节，在先秦两汉诗文中是很常见的。有的用后代的眼光看，情况极为特殊。例如：

> 天之所生，地之所养，无人为大。
>
> ——《礼记·祭义》

"无"，后代一般用作否定词，但在这里只是用来足句，并无意义。

> 太史公曰："故旋玑玉衡，以齐七政。"
>
> ——《史记·律书赞》

金人王若虚在《滹南遗老集·史记辨惑》

中，批评太史公说"故字自是因上接下之辞，首句如何用得?"其实是他不了解这里的"故"用在句首，作发语词，是先秦两汉古文中常有的，并非"因上接下之辞"。

古文中用来足句的虚词，不只限于用在句首，也可以用在句中或句末。

> 南有乔木，不可休思；汉有游女，不可求思。
>
> ——《诗·周南·汉广》

> 夫子之求之也，其诸异乎人之求之与!
>
> ——《论语·学而》

> 山峻高以蔽日兮，下幽晦以多雨。霰雪纷其无垠兮，云霏霏而承宇。
>
> ——《楚辞·九章·涉江》

以上第一例中的两个"思"字，用于句末；第二例中的"诸"，用于句中，都没有意义可言。就是第三例中的"以"、"其"、"而"，事实上也只起个衬字的作用，尽管它们在文章中是不可缺少的。这一类用法，实在是地道的"语言衬贴"[1]。都是为了凑足字数，整齐节奏和舒缓语气而添上去的。因而，与其说具有语法作用，还不如说具有修辞作用。

---

[1]见袁仁林《虚字说·序》。

古文中的虚词，有的又只是用来代替标点符号的。古人写文章一般不加标点，长期以来，读者却不感到有太大的不便。这跟古文中虚词运用频繁很有关系。刘勰在《文心雕龙·章句》中说，"夫、惟、盖、故者，发端之首唱，……乎、哉、矣、也、者，亦送末之常科。"可见，虚词可以帮助读者指出文句的"端"与"末"。《说文解字》说："哉，言之间也。""矣，语已词也"。"乎，语之余也。""兮，语所稽也（段注：语于此少驻也）。"都说明这些虚词具有标明停顿的作用，跟现代的标点类似。其中有一些，除标明停顿外，还带有某种语气。如"乎"、"欤"表疑问语气，兼有问号的作用；"矣"、"耳"表感叹，兼有感叹号的作用。它们在现代汉语中还可以找到相对应的虚词来翻译。另有一些却不是这样。例如：

> 凡为天下国家有九经，曰：修身也，尊贤也，亲亲也，敬大臣也，体群臣也，子庶民也，来百工也，柔远人也，怀诸侯也。
>
> ——《礼记·中庸》

> 有民人焉，有社稷焉，何必读书，然后为学？
>
> ——《论语·先进》

以上第一例中的九个"也"字，第二例中的

两个"焉"字，都只是单纯表示语间的停顿，谈不上有什么别的语气在里边。作用只相当现代一个逗号或句号。对这样的虚词，一般来说"可以不译"或"不必译出"，其实不如干脆指明根本不能译出。因为现代汉语中已没有这样用法的虚词。有时候似乎可以用现代汉语几个词来对译。如《孙子·虚实》："攻而必取者，攻其所不守也。"这里的"者"，通常用"……的原因"来翻译。但"……的原因"这个意思并不是"者"本身所具有，而是读者在语气的停顿中，根据上下文意补充进去的。"者"在这里仍只是表示停顿。

在古文中有一些虚词的用法，只能看作是表示某种语法关系的符号或标志。如：

汝忘君之为孺子牛而折其齿乎？

——《左传·哀公六年》

一之谓甚，其可再乎！

——《左传·僖公五年》

前一例，"之"用在主谓结构"君为孺子牛"的主谓之间，取消其独立性，使这个主谓结构只能充当一个句子成分；后一例，"之"用在"一谓（为）甚"（一次就是过分）这个小句的主谓之间，取消这个小句的独立性，使它只能作为复合句的一个分句。"之"都带有符号性质。再如：

吾以子为异之问，曾由与求之问！

——《论语·先进》

小国将君是望，敢不唯命是听！

——《左传·襄公二十八年》

前一例，"异之问"即"问异"（问别的人）；"由与求之问"即"问由与求"（问仲由与冉求）。后一例，"君是望"即"望君"；"命是听"即"听命"。"之"和"是"也只能算是提前宾语的标志。这种语法现象在现代汉语中也已不存在，因此，对这种用法的虚词也无法译出。

古文中的表敬副词，也是现代汉语所没有的。例如：

楚王曰："善哉！吾请无攻宋矣！"

——《墨子·公输》

先生何以幸教寡人？

——《史记·范睢蔡泽列传》

大用民力，功不可必立，臣伏忧之。

——《汉书·匈奴传》

第一例，楚王自己决定取消攻宋的计划，因而其中的"请"，实际上不存在"请求"的意思，只是表示恭敬的说法。第二例中的"幸"，表示对方这样做，对自己来说是幸运的事。第三例中的"伏"，本义是俯伏，也是恭敬的表示。这些词，本有实义，但用在这些地方，已明显虚化了。现代汉语已没有和它们相对应的词，因而，多数也不能译出。

古文中还有一种比较特殊的虚词，它在形式上是一个单音词，但从内容上看，却兼有两个词的意义和作用。因此，被名之为"兼词"。如：

董叔将娶于范氏。叔向曰："范氏富，盍已乎？"

——《国语·晋语》

这里的"盍"是"何"、"不"的合音。兼有疑问代词"何"和否定副词"不"的意义和用法。

宋芮司徒生女子，赤而毛，弃诸堤下。

——《左传·襄公二十六年》

这里的"诸"是"之""于"的合音。兼有代词"之"和介词"于"的意义和作用。

虽有粟，吾得而食诸？

——《论语·颜渊》

这里的"诸"又是"之"、"乎"的合音。兼有代词"之"和疑问语气词"乎"的意义和作用。

昔者，吾舅死于虎，吾夫又死焉，今吾子又死焉。

——《礼记·檀弓》

这两个"焉"都兼有介词"于"和代词"之"的意义和作用。"死焉"即"死于它（虎）"的意思。

荆有云梦，犀兕麋鹿盈之。

——《战国策·宋卫策》

这里的"之"兼有介词"于"和代词"此"的意义和用法。"此"指代云梦。

这种兼词，在现代汉语中都得改用两个词来表达。

上面介绍的是古文中常见而在现代汉语中已经消亡了的虚词。在阅读时，我们还可以发现，有一些虚词，古今都有，但意义和用法却有很大差别。如"也"，现代是关联副词，在古文中却只作语气助词用；"稍"，古今都用作副词。但在现代是稍微、略微的意思，在古代，特别是秦汉时期，却是"逐渐"的意思："其后，秦稍蚕食魏，十八岁而虏魏王。"（《史记·信陵君列传》）这里"稍蚕食魏"就是"逐渐蚕食魏"。

"因"也是古今常用的虚词。在现代汉语中，主要用作表因果关系的连词。在先秦两汉时期的古文中，一般却不用来表因果关系。作连词时，是"于是"、"就"的意思，表顺承关系：

宣王因趋而迎之于门。

——《战国策·齐策》

这里的"因"，就只是表示后一事是紧接前一事发生的。应译为"于是就"。

"因"作介词，在古文中主要有"依凭"、

三　认识古文用词的特点

"就着"、"趁"、"通过"等意思：

> 余有所疑，愿因先生决之。
>
> ——《楚辞·卜居》

这里的"因"，作依靠、凭借解。

> 曹人凶惧，为其所得者棺而出之。（晋人）因其凶也而攻之。
>
> ——《左传·僖公二十八年》

这里的"因"，表乘趁，应译为"趁"。

现代汉语中有些双音节虚词，在古文中只是些固定词组。用法和意义古今也有不同。如："所以"，在现代汉语中是个表因果关系的连词。但在古文中却应看作介词"以"和具有称代作用的助词"所"组成的固定词组。表示动作行为所使用的方法、工具，或某种状况形成的原因等：

> 兵之设久矣，所以威不轨而昭文德也。
>
> ——《左传·襄公二十七年》

这里后一句是说"（武备）是用来威不轨、昭文德的工具"。"所以"表示"用来……的工具"。

> 三代之得天下也以仁，其失天下也以不仁。国之所以废兴存亡者亦然。
>
> ——《孟子·离娄》

这里后一句是说"国家兴衰存亡的原因也如此"。"所以"表示"……的原因"。

"于是"在现代汉语中是表顺承关系的连词。古文中也有类似的用法。但有时却只是介词"于"和代词"是"的结合体：

> 君子谓祁奚于是能举善矣。

—— 《左传·襄公三年》

"于是"是说"在这件事上"。

> 于是，陈蔡方睦于卫。

—— 《左传·隐公四年》

这里的"于是"是说"在这时候"。这种用法的"于是"，在古文中很常见。

古人写文章还常常把几个虚词连在一起使用。其中又有两种不同的情况：一是两个或两个以上同样用法的虚词连用，其作用与单用一个相同。如：

> 一熏一莸，十年尚犹有臭。

—— 《左传·僖公四年》

"尚"与"犹"同，都是副词，表示状态的持续。

> 则是国未能独立也，岂渠得免夫累乎！

—— 《荀子·王制》

"渠"与"岂"同，都是表反问语气的副词。

> 子游之徒，有庶子祭者，以此若义也。

—— 《礼记·曾子问》

"若"与"此"同，都是指示代词。"此若

义"即"此义"。郑玄注:"若,顺也",恐怕是由于对这一语言现象认识不足而产生的误解。

　　　藉弟令毋斩,戍死者固十六七。

——《史记·陈涉世家》

　　《汉书》颜师古注引应劭说"藉,吏士名藉也。弟,次也",显然是望文生义。这里"藉"、"弟"、"令"都是表假设的连词。可译为"假使"。三个假设连词迭用,在这里带有强调这种假设可能性极小的意味。

　　二是两个或两个以上不同的语气词连用。这些语气词各有其表达语气的任务。就全句来看,侧重在最后一个语气词所表示的语气。如:

　　　汝为《周南》、《召南》矣乎?

——《论语·阳货》

　　"矣"表已然的语气,"乎"表疑问的语气。全句重点在疑问。

　　　吾罪也乎哉! 吾亡也?

——《左传·襄公二十五年》

　　前一句"也"表直陈语气,"乎"表反问语气,"哉"表感叹语气。全句重点在感叹。

　　古文虚词,究其来源,可分三类:一是本字本义。如上文提到的哉、兮、乎、矣等,据《说文》解释,它们在造字之初,就是虚词。

古文中，这类虚词为数极少。二是实词虚化。由于词义的引申，从具体到抽象，逐渐由实转虚。如"既"，本义是吃完了饭，动词。引申作"尽"解，可用作范围副词。又引申为已经的"已"，用作时间副词。"固"，本义是四周完整、坚固，形容词。引申有坚决、一定的意思。用作表态副词。如"吾固欲烦公，公强为相赵。"（《汉书·周昌传》）"及"本义是追及、赶上。引申为"趁"，可作介词。又引申为连及，作连词。"竟"本义是乐曲的终了，引申为一般的"终"，可用作介词。如"吴楚已破，竟景帝不言兵。"（《史记·酷吏列传》）"顾"本义是回头看，引申有"反"义。可以用作表态副词，是"反而"、"却"的意思。如"子之南面行王事，而哙老，不听政，顾为臣……"（《战国策·燕策》）。这类虚词，大多是副词和介词，它们是虚词中略带有实义的词。在古文中，为数也不太多。三是同音假借。古文中的虚词绝大多数用的是假借字。这是由于"虚言难象，故因音而借焉"[1]。常见的如"之"本义是"往"，"其"本义是"箕"，"虽"本是虫名，"乌"、"於"、"焉"本是鸟名，"然"是"燃"的古本字，

---

[1]见郑樵《通志·六书略·假借》。

"所"是伐木声，等等。它们在古文中都经常用作虚词，都是因为声音相同或相近而借用。因此，对于古文中的绝大部分虚词，都不能从字的本义和引申义出发去妄加猜测。如"而"，据《说文》，本义是"颊毛"，篆文是胡须的象形。古文中用作虚词，只是"因音而借"。王夫之却认为"鱼项背鬣（鱼鳍）"也可叫做"而"，"语有转折则系之以'而'，犹鱼欲回旋而鬣动也。或为加进之词，犹鱼欲进㳇（前）而鬣动也"[1]。又如"盖"，本义是"苫"，即屋上覆盖的茅草。古文中常用在句首作发语词，也是假借。清人袁仁林却说："凡器有底有盖，盖尝笼罩于上，势足包括其余。今以实字虚用，亦含斯意"[2]。不考虑文字的假借，一味以实求虚，结论只会更加玄虚。

正因为古文中的虚词，大多数是由实词转化或借用来的。所以阅读古文必须认真分析句子的语法结构，辨别虚与实。如：

入则求君之嗜欲能顺之。

——《晏子春秋》

这里的"能"用作承接连词。与"而"同。古代"能"、"而"音近，都可以借作连词，不能理解为"才能"或"能够"。

[1]《说文广义》卷一。
[2]《虚字说》"盖"字条。

舍人弟上变，告信欲反状于吕后。吕后
欲召，恐其党不就。

——《史记·淮阴侯列传》

"党"借作副词，相当于"倘或"的
"倘"，"恐其党不就"是"恐怕韩信倘或不来"
的意思。有的注本却解为："怕他党羽多，不肯就
范。""怪星之党见。"(《荀子·天论》)"党见"
即"或见"，有时出现。"党"也是副词。杨倞
注："党见，频见也。言朋党之多。"也是误解以
实义。

四 了解古今句法的差别

古文的句子构造，跟现代白话文基本是一致的。这是汉语语法稳固性的表现。但是随着语言的越来越向准确精密的方向发展，汉语的句法，从古到今也有变化。具体表现是古文中句子成分的位置、句子成分的省略和一部分常用句式跟现代汉语都存在一些差别。

（一）古今不同的词序

汉语语法的主要表现方式有二：一个是虚词，另一个就是词序。词序是词在句中的位置次序，这种位置次序一般是固定的，不能任意调换。

古今词序的差别，最突出地表现在宾语的位置上。动词在前，宾语在后，这是汉语词序的基本格式。但古文中的宾语，在一定条件下，却必须放在动词前。先看下面例子：

> 不如以地请合于齐，赵必救我，若不吾救，不得不事。

——《战国策·燕策》

"不吾救"即"不救吾"，宾语"吾"放在动词"救"前边。

> 尔无我叛，我无强贾。

——《左传·昭公十六年》

"无我叛"即"无叛我"，"无"同"毋"，宾语"我"，放在动词"叛"前。

> 管子对曰："未可。邻国未吾亲也。"

——《国语·齐语》

"未吾亲"即"未亲吾"。宾语"吾"放在动词"亲"前。

> 狂者伤人，莫之怨也；婴儿詈老，莫之疾也。

——《淮南子·说林》

"莫之怨"即"莫怨之"（没有人怨他）；"莫之疾"即"莫疾之"（没有人恨他）。宾语"之"用在动词"怨"和"疾"前。"莫"是带否定性的无指代词。

以上例子有两点共同之处，一是宾语都是代词，二是都是否定句。由此可以得出一条规律：在带有"不"、"无"、"未"、"莫"等否定词的否定句中，代词作宾语，一般放在动词前。如果还带有助动词作状语，在古文中可以有两种不同的词序：

　　天下大国之君，莫之能御。

——《国语·齐语》

　　非子莫能吾救。

——《战国策·中山策》

　　前一例，"莫之能御"即"莫能御之"。助动词"能"与动词相连。后一例，"莫能吾救"即"莫能救吾"。助动词"能"不与动词相连。古文中，前一格式较为常见。

　　再看另一种宾语前置的例子：

　　天下之父归之，其子焉往？

——《孟子·离娄》

　　"焉"作疑问代词"何"解，指代处所。代宾语，放在动词"往"前。"焉往"，即去哪里。

　　泰山其颓，则吾将安仰？

——《礼记·檀弓》

　　"安仰"即景仰什么。"安"指代物，作宾语，放在动词"仰"前。

　　内省不疚，夫何忧何惧？

——《论语·颜渊》

　　"何忧何惧"即担忧什么，惧怕什么。"何"指代事物，作宾语，放在动词"忧"和

“惧”前。

　　尧舜不复生，将谁使定儒墨之诚乎？

——《韩非子·显学》

　　“谁使”即“使谁”。“谁”指代人，作“使”的宾语，放在动词前。

　　以上数例都是疑问句，作宾语的“焉”、“安”、“何”、“谁”都是疑问代词。由此，又可以得出一条规律：在古文的疑问句里，疑问代词作宾语，一般放在动词前。在带有助动词的情况下，也可以用两种不同词序表达：

　　臣实不才，又谁敢怨？

——《左传·成公三年》

　　吾敢谁怨乎？

——《史记·吴太伯世家》

　　上面例子中“谁敢怨”和“敢谁怨”都是“敢怨谁”的意思。但前者助动词“敢”直接放在动词“怨”前。后者则不直接放在动词前，在古文中出现较晚，也不常见。

　　在古文中，为了强调宾语，还可以用助词“之”、“是”、“焉”等作标志把宾语提前。例如：

　　如子之言，我且贤之用，能之使，劳之论；我何以报子！

——《韩非子·外储说左下》

　　“贤之用”即“用贤”；“能之使”即“使

能"；"劳之论"即"论劳"（论赏有功的人）。

> 愎谏违卜，固败是求，又何逃焉？
>
> ——《左传·僖公十五年》

"固败是求"即"固求败"（本来是自求失败）。

> 我周之东迁，晋郑焉依。
>
> ——《左传·隐公六年》

"晋郑焉依"即"依晋郑"。

有时还可以在宾语前加上范围副词"唯"组成"唯……之……"、"唯……是……"的格式，表示动作对象的单一性、排他性。例如：

> 虽天地之大，万物之多，而唯蜩翼之知。
>
> ——《庄子·达生》

"唯蜩翼之知"即"唯知蜩翼"（只知道蝉的翅膀）。

> 鸡鸣而驾，塞井夷灶，唯余马首是瞻。
>
> ——《左传·襄公十四年》

"唯余马首是瞻"即"唯瞻余马首"（只看我的马头所向）。

这类格式，现代汉语中还保留一些残迹。如"唯利是图"、"唯你是问"等。有时其中的助词"是"可以省去。如：

> 将夺其国，何有于妻。唯秦所命从也。
>
> ——《国语·晋语》

上栖会稽，下守海宾，唯鱼鳖见矣。

——《吴越春秋》卷一

前例"唯秦所命从"即"唯秦所命是从"后例"唯鱼鳖见"，在《国语·越语》中正写作"唯鱼鳖是见"。

在反问句中，为了突出宾语，加强否定语气，也往往用助词"之"帮助，提前宾语。组成"何……之……"的格式。例如：

君虽独丰，其何福之有？

——《左传·桓公六年》

"何福之有"即"有何福"。

前世不同教，何古之法？帝王不相复，何礼之循？

——《商君书·更法》

"何古之法"即"法何古"；"何礼之循"即"循何礼"。

以上介绍的都是动词宾语的位置。古文中的介词所带的宾语，在一定条件下，也可以提到介词前。例如：

顾自以为身残处秽，动而见尤，欲益反损，是以独郁悒而谁与语。谚曰：谁为为之，孰令听之？

——《报任安书》

"谁与"即"与谁"，"谁为"即"为谁"。

"谁"分别作介词"与"和"为"的宾语，放在介词前。

> 是障其源而欲其流也。水奚自至？
>
> ——《吕氏春秋·贵直》

"奚自"即"自奚"（从哪儿）。"奚"作介词"自"的宾语，放在介词前。

以上两例中，"谁"、"奚"都是疑问代词。古文中，疑问代词作介词宾语，一般放在介词前。再看下面例子：

> 鲁朝夕伐我，几亡矣。我之不共，鲁故之以。
>
> ——《左传·昭公十三年》

"鲁故之以"即"以鲁故"（因为鲁国的缘故）。

> 岂不穀是为，先君之好是继。
>
> ——《左传·僖公四年》

"不穀是为"即"为不穀（不穀，不善。诸侯谦称）"。

以上二例是为了强调宾语而用"之"、"是"等助词作标志，提到介词前。如果要强调介词"以"的宾语，则常常直接放在介词前，不必用助词帮助。例如：

> 若晋君朝以入，则婢子夕以死。
>
> ——《左传·僖公十五年》

"朝以入"即"以朝入"（在早晨进来）。"夕以死"即"以夕死"（在晚上死）。

> 吴起吮其父之创而父死。今是子又将死也，吾是以泣。
>
> ——《韩非子·外储说左上》

"是以泣"即"以是泣"。"是以"在古文中已成为一个固定词组，与"因此"相当。

介词"于（乎）"的宾语，有时也可以直接放在介词前，但较少见。如：

> 启乃淫溢康乐，野于饮食。
>
> ——《墨子·非乐》

"野于饮食"即"于野饮食"（在野外饮食）。

> "敢问夫子恶乎长？"曰："我知言，我善养吾浩然之气。"
>
> ——《孟子·公孙丑》

"乎"是介词，跟"于"相当，"恶"与"何"相当。"恶乎"在古文中也成为固定词组，意思就是"于何"。"恶乎长"即擅长于哪方面。

从以上介绍的例子中可以看出，代词作宾语，前置的现象比较多。在先秦古文中，我们还可以看到一些作宾语的代词，不需要任何条件，直接放在动词或介词前。如：

赫赫师尹，民具尔瞻。

——《诗·小雅·节南山》

"尔瞻"即"瞻尔（望着你）。"

先名实者为人也；后名实者自为也。

——《孟子·告子》

"自为"即"为自"。

熟读三代两汉之书的韩愈也注意到古文这一语言现象，并大量加以模仿。如：

度，惟汝予同。

——《平淮西碑》

"予同"即"同予"。

惟我保汝，人皆汝嫌。

——《送穷文》

"汝嫌"即"嫌汝"。

在远古时期，代词作宾语放在动词前，可能是一种正常词序。由于语言的发展变化，到周秦时期这种词序只有一些残迹了。而代词"自"作宾语，前置的现象则一直保留到现代，如"自卫"、"自救"、"自慰"等。

总的说来，古文中宾语前置，从现代汉语的角度看，是一种比较特殊的词序。要顺利读懂古文，对它必须有足够的认识。如上面所举的《左传》中"又谁敢怨"一句，若按现代汉语词序理解，则"谁"成了主语，与原意就有很大出入。

又如：

君亡之不恤，而群臣是忧，惠之至也。

——《左传·僖公十五年》

有的注本把"君亡之不恤"解释为："我们的国君出亡在外，国内的人不能去救他。"分"君亡"和"不恤"为两句。显然是误解。因为"君亡之不恤"即"君不恤亡"，意思是：君王不忧虑在外流亡。"亡"是"恤"的宾语，通过助词"之"的帮助而提到动词前。本是一个结构很简单的句子。由于忽略古文宾语前置的规律，注释反而复杂化了。

古今词序的差别，其次表现在介词结构的位置上。

在现代汉语中，介词结构一般放在动词、形容词之前作状语，而在古文中则经常放在动词、形容词之后作补语。例如：

汉王遇我厚，载我以其车，衣我以其衣。

——《史记·淮阴侯列传》

后两句在现代汉语中只能说"用他的车载我，拿他的衣服给我穿"。

晋荀吴帅师涉自棘津。

——《左传·昭公十七年》

"涉自棘津"即"从棘津渡河"。

百里奚居虞而虞亡，在秦而秦霸，非愚
于虞而智于秦也，用与不用，听与不听也。
——《史记·淮阴侯列传》

"愚于虞"即在虞愚笨，"智于秦"即在秦
聪明。

以上例子中，介词"以"、"自"、"于"组成
的结构，都放在动词或形容词之后。这是古文中
的常见格式。尤其是"于"字结构更是如此。像
"青取之于蓝而青于蓝"的"于"作"从"解，
或表比较关系，在古文中是不允许说成"青于蓝
取之而于蓝青"的。"人无于水监，当于民监"，
(《尚书·酒诰》)这样的句式，反而应看成是不
合常规的倒装句[1]。

再次，古文中定语的位置，有时与现代汉语
也存在一些差别。例如：

人之涂其体被濡衣而赴火者，左三千
人，右三千人。
——《韩非子·内储说上》

"人之涂其体被濡衣而赴火者"即"涂其体
被濡衣而赴火之人"。原文定语在中心词"人"之
后。

太子及宾客知其事者，皆白衣冠以送

之。

——《史记·刺客列传》

"宾客知其事者"即"知其事之宾客"。定语"知其事"放在中心词"宾客"之后。

古文中这种定语后置，一般有两个条件：从内容上看，后置的定语必须是修饰性、限制性的；从形式上看，定语后置以后必须用"者"收尾，有时，在定语与中心词之间还要加上助词"之"（如前一例）。这样的句式，能使读者领会到中心词和定语之间存在整体和部分的关系。如"居是邦也，事其大夫之贤者，友其士之仁者"。（《论语·卫灵公》）"贤大夫"和"仁士"说成"大夫之贤者"、"士之仁者"，便明显指出是"大夫中的贤者"、"士中的仁者"，这就反客为主，使原来的附加成分变成了主要成分。突出定语所表达的内容。至于像"带长铗之陆离兮，冠切云之崔嵬"。（《楚辞·九章·涉江》）"陆离"形容长的样子，是修饰"长铗（剑）"的定语；"崔嵬"高耸的样子，是修饰"切云（帽）"的定语，都放在中心词之后，应该看作是诗歌中才有的特殊句式。

最后说说古文中数词的位置。

表名量（人和事物的数量）的数词，在现代汉语中一般放在名词前，古文中则常常放在名词

【四 了解古今句法的差别】

后，跟名词构成主谓结构。如"以乘韦先牛十二
犒师（拿四张熟皮在十二头牛之前犒劳军队）。"
（《左传·僖公三十三年》）"牛十二"在现代汉
语中应说成"十二头牛"。

表动量（动作的数量）的数词，在现代汉语
中一般是用在动词后。在古文中则是直接放在动
词前。如"于是秦王不怿，为一击缶"。（《史记
·廉颇蔺相如列传》）"一击缶"在现代应说成
"击一下缶"。

如果要强调动作行为的数量，古文中还往
往改变句式，把作状语的数词从动词前移到句
末，充当全句的谓语。如"举所佩玉玦以示之者
三"。（《史记·项羽本纪》）"三"指的是"举"
这个动作的数量。但如果说成"三举所佩玉玦以
示之"，语气就显得平淡。

（二）常见的词语省略

在一定的语言环境里，省去句子中的某些成
分或某些词，是古今汉语都存在的现象。两相比
较，古文中的省略现象不仅多而且情况复杂，有
不少是现代汉语所不允许的。这也是我们不能顺
利读懂古文的重要原因之一。

古文中的省略，最为常见的是主语的省略。

但多数是因共喻而省，跟现代汉语一样，可以置之不论。值得注意的有如下一些情况：

> 子山处令尹之宫，夫概王欲攻之，惧而去之。

——《左传·定公四年》

"惧而去之"的主语是"子山"，因上文已出现而省略。但中间已被其他句子隔开。

> 赵姬请逆盾（赵盾）与其母，子余（赵衰）辞。姬曰："得宠而忘旧，何以使人？必逆之。"固请，许之。来，以盾为才，固请于公，以为嫡子。

——《左传·僖公二十四年》

后面几句主语全部省略，情况比较复杂。"固请"的主语是赵姬。"许之"的主语是赵衰。

而"以盾为才"三句主语又是赵姬。这是两个不同的主语交替省略。"来"的主语，则是赵盾与其母，在上文曾作宾语出现。

> 项羽召见诸侯将，入辕门，无不膝行而前，莫敢仰视。

——《史记·项羽本纪》

"入辕门"的主语是诸侯将，也是承上文宾语而省。

> 季氏以公鉏为马正，愠而不出。

——《左传·襄公二十三年》

【四　了解古今句法的差别】

"慍而不出"的主语"公鉏",在上文又是作为兼语出现的。

以上介绍的主语省略方式,在现代汉语中已基本被淘汰了。这是因为这种省略方式,在表达上不很严密,容易造成误解。如:

> 陈胜自立为将军,吴广为都尉。攻大泽乡,收而攻蕲。蕲下。乃令符离人葛婴将兵徇蕲以东,攻铚、酂、苦、柘、谯,皆下之。
>
> ——《史记·陈涉世家》

最后两句往往被看成由"令"字一直贯穿下来的,攻铚等地的主语就是上句中的"葛婴"。可是,葛婴的任务是"徇蕲以东",而"铚、酂、苦、柘、谯"等地全在蕲的西北面。怎么解释呢?有的注本也发现这个矛盾。说是"东出蕲县略地,并不仅限于蕲的东方。观下铚县等地自明"[1]。但下文不久还说到"葛婴至东城"。东城的位置是在离蕲县较远的东南方,与蕲西北的铚、酂等地的方向完全相反。可见葛婴实际上也只是"徇蕲以东"。原文"东"字后应加句号。攻下铚、酂等地,一直到下文说的"入据陈",毫无疑问,是陈胜率起义军主力进军的路线,主语只能是陈胜,而不是向相反方向进军的葛婴。由于省略了的主语虽在上文已出现，但已隔了好几句，因而不容易很快被认定。必须细心考察，才能正确加以补足。

动词谓语是一句话中所要表达的主要意思，一般说来是不能省略的。但在对话中，有时也可以省去。例如：

> 象曰："谟盖都君咸我绩。牛羊父母，仓廪父母，干戈朕，琴朕，弤朕，二嫂使治朕栖。"

——《孟子·万章》

中间五句，完整的句式应该是"牛羊归父母，仓廪归父母，干戈归朕（我），琴归朕，弤归朕。"动词谓语"归"全都省去。这是因为归属问题是象和他的父母谈论的中心，不言而喻，所以省去。

有时动词带有的修饰语是说话人所要表达的重点。为突出修饰语而省略动词。例如：

> 小大之狱，虽不能察，必以情。

——《左传·庄公十年》

"以情"是介词结构，作修饰语。后面省略"断之"二字。

> 胥靡逃之魏，卫赎之百金，不与，乃请以左氏。

——《战国策·卫策》

"左氏"卫国地名。"以左氏",即"以左氏赎之"的省略。也是保留修饰语而省略动词。

在记叙对话时,省去动词"曰",是古文中谓语省略最常见的一种。唐代学者刘知几就曾指出,"《左氏》与《论语》,有叙人酬对,苟非繁词积句,则连续而说,去其'对曰'、'问曰'等字。"[1]这里还要补充说明的是:省略"曰"字的现象,不仅《左传》、《论语》中有,先秦两汉古文中都经常可以见到。而省略"对曰",或"对曰"、"问曰"同时省去的现象则极罕见。一般规律是省"问曰",不省"对曰"。如《左传·成公十六年》有一段对话:

> 王曰:"骋而左右,何也?"
> 曰:"召军吏也。"
> "皆聚于军中矣!"
> 曰:"合谋也。"
> "张幕矣!"
> 曰:"将发命也。"
> "甚嚣,且尘上矣!"
> 曰:"将塞井夷灶而为行也。"
> "皆乘矣,左右执兵而下矣!"
> 曰:"听誓也。"

---

[1]见《史通·模拟》。

108

"战乎?"

曰:"未可知也。"

"乘而左右皆下矣!"

曰:"战祷也。"

这段文章中,楚王问除第一句"曰"字不省,以后六句都省去"曰"字。而伯州犁的答话却一"曰"不省。可以清楚看出古文中这种省略的规律。

古文中宾语的省略,在多数情况下,也就是代词"之"的省略。例如:

睢佯死,即卷以箦,置厕中。

——《史记·范睢蔡泽列传》

"卷以箦"即"卷之以箦",动词"卷"后省去宾语"之",指代范睢。

齐命使各有所主,其贤者,使使贤主;不肖者,使使不肖主。

——《晏子春秋·内篇杂下》

"使使贤主"、"使使不肖主"两句,前一"使"字后均省去一代词"之"。是分别指代前面说的"贤者"和"不肖者"的。

吕禄信郦寄,时与出游猎。

——《史记·吕太后本纪》

介词"与"后省略宾语"之",指代郦寄。

这些句子中宾语的省略,都是现代汉语所不

允许的，古文中则极为常见，有时甚至在一个句子中把动词宾语和介词宾语同时省去。如："王怒，得卫巫，使监谤者。以告，则杀之。"（《国语·周语》）"以告"前面省略主语"卫巫"中间省略介词"以"的宾语"谤者"，后面省去动词"告"的宾语"厉王"。结果，一句话中只剩下一个介词和一个动词，这在结构上是比较特殊的。

古文中介词"于"的省略，也是阅读时值得注意的语言现象。试看下面例子：

汉王追楚，为项籍所败固陵。

——《汉书·彭越传》

"所败"后省略了一个介进处所的介词"于"。

楚庄王围郑，郑告急晋。

——《史记·鲁世家》

"告急"后省略一个介进对象的介词"于"。

车骑将军张安世始尝不快上。

——《汉书·赵充国辛庆忌传》

"不快上"即"不快于上"，意思是"不被宣帝所喜"。省略了一个表被动的介词"于"。

禹治加缓，名为平。王温舒等后起，治峻禹。

——《汉书·酷吏传》

"峻禹"即"峻于禹"，是说"比赵禹峻刻"。省略了一个表比较关系的介词"于"。

　　介词"于"的省略，在阅读时都必须加以补足，才能确切理解句意。如上面举的"张安世始尝不快上"，如不能认识这种省略，就会被理解为张安世不满意宣帝了。"武王将伐纣，上祭于毕，求助天也"。(《后汉书·苏竟杨厚传》)清人王鸣盛认为"求助天"不好理解，改为"求天助"[1]，是不知"求助天"即"求助于天"之省。

　　以上是就省略的成分来说的，如就句式看，古文中的省略，最常见于对举或并列的句子中。这些句子往往有一些词语相同。如果这些词语在前一句中已经出现，或在后面句子中即将出现，那么，在其他句子中均可省去。例如：

　　　　如是者，虽深，其人不加虑焉；虽大，不加能焉；虽精，不加察焉。

　　　　　　　　　　　　　　　——《荀子·天论》

　　这里的"不加能焉"和"不加察焉"的主语都是"其人"，因已见于上一个并列句中，所以省去。

　　　　故待农而食之，虞而出之，工而成之，

---

[1]见王先谦《后汉书集解》引。

商而通之。

——《史记·货殖列传》

后三句的句首，都应有动词谓语"待"，因上句已出现，故省去。

> 能斩捕大将者，赐金五千斤，封万户；
> 列将，三千斤，封五千户；裨将，二千斤，
> 封二千户；二千石，千斤，封千户；千石，
> 五百斤，封百户。

——《史记·吴王濞列传》

这是刘濞在起兵叛乱时出的赏格。"列将"、"裨将"、"二千石"、"千石"前均省去"能斩捕"三字；"三千斤"、"二千斤"、"千斤"、"五百斤"前面均省去"赐金"二字，都是承首句而省。

在这种对举或并列的句子中，有时为了突出修饰语，还可以承上或蒙下省略中心词。例如：

> 今郤伯之语犯，叔迂，季伐。

——《国语·周语》

后两句本应作"（郤）叔之语迂，（郤）季之语伐（夸耀）"。"叔"、"季"之后都承前省去了"之语"二字。保留定语，省略了作主语的中心词。

> 扞弥南与渠勒，东北与龟兹，西北与姑墨接。

——《汉书·西域传》

前两句后面均省去动词"接"。这是保留状语，蒙下文省略了作谓语的中心词。

> 上于是出龚等补吏，龚为弘农，歆河
> 内，凤九江太守。

——《汉书·儒林传》

这几个并列句，可以按如下方式排列：

$$上于是出龚等补吏，\left.\begin{array}{c}（王）龚\\（刘）歆\\（房）凤\end{array}\right]为\left.\begin{array}{c}弘农\\河内\\九江\end{array}\right]太守。$$

"河内"、"九江"前，承上省略动词"为"，"弘农"、"河内"后，蒙下省略了作宾语的中心词"太守"。这类省略，在史书中甚为常见。王念孙校《汉书·金日磾传》"赏为奉车，建驸马都尉"一句，认为："奉车下亦有都尉二字，而今本脱之。"[1]他对古人省略之例，似亦未尽通晓。

古文中不仅句子成分和某些词可以省略，有时还可以把一段话中的某一分句整个省去。看下面例子：

> 子贡曰："纣之不善，不如是其甚也。
> 是以君子恶居下流，天下之恶皆归焉。"

——《论语·子张》

---

[1]见《读书杂志·汉书第十二》。

"天下之恶皆归焉"前面省略了"如居下流"一句。

> 身将隐，焉用文之。是求显也。
>
> ——《左传·僖公二十四年》

后一句应作"文之，是求显也"。原文省略"文之"这一分句。

> 故有国者不可以不知《春秋》。前有谗而弗见，后有贼而不知；为人臣者不可以不知《春秋》。守经事而不知其宜，遭变事而不知其权。
>
> ——《史记·太史公自序》

这里"前有谗而弗见"和"守经事而不知其宜"两句前面，各省略"如不知《春秋》"一句。

这种省略多数是在假设复句中，省去前面表假设条件的分句。这是由于前面已有一个句子作了正面叙述，下文从另一方面加以申述，虽省去一句，读者还是可以从中体会出来的。正如清人魏禧说的"语虽不伦，意却相属"[1]。当然，由于文句间断不接，有时也难免误解。"人君唯毋听寝兵，则群臣宾客莫敢言兵。"（《管子·立政》）从字面上看，既然人君不听寝息兵事，为什么群

---

[1]见《日录论文》。

臣宾客反而不敢言兵了呢？似颇费解。故王引之认为"毋，发声。毋听，听也"[1]。实在是不明古人省句之例的误解。原文两句中间省略了"如听寝兵"这一表假设条件的分句。

对这种语言现象，也有不同的解释。如"孤犊未尝有母，非孤犊也。"（列子·仲尼》）清代学者俞樾认为"此本作'孤犊未尝有母，有母，非孤犊也'"，是"字以两句相连而误脱"[2]。不以"省略"看待。从校勘学的角度来看，不是没有可能的。据考证，古人书写，经常用"丶"作符号表示重文。不仅单个字可以用它表示，就是两个字以上的词语或句子的重复也可以用这种重文号表示。如"妇丶人丶不丶贰丶斩丶也丶者何也"。（武威简本《仪礼·甲本服传》）就应读作"妇人不贰斩也，妇人不贰斩也者，何也？"[3]据此，我们可以认为，《列子》文本写作"孤犊未尝有丶母丶非孤犊也"。由于后人误脱重文号而写成现在这个样子。以上省句例都可以这样解释。但也只是一种推测。而古文这种省略则确实存在，如"晋献公将杀其世子申生。公子重耳谓之曰：'子盍言子之志于公乎？'世子曰'不可。君安骊姬，是我

---

[1]见《经传释词》卷十。
[2]见《古书疑义举例》卷六。
[3]参见《中国社会科学》一九八〇年第五期裘锡圭文。

伤公之心也。'"(《礼记·檀弓上》)世子

申生的话，最后两句本应作"君安骊姬，如言之于公，是我伤公之心也。"原文省略了表假设条件的分句"如言之于公"，与上文并不是"两句相连"，只能作习惯性的"省略"看待。

古文中的省略现象比现代汉语要多得多，原因是多方面的。首先是文字和书写条件的限制，正如鲁迅在《门外文谈》里所说的"大原因是字难写，只好节省些"。因而在写作时往往把某些字、词语或句子省去。其次，是语法上的原因。古代汉语中第三人称代词发育不成熟，一般不能用来作主语。如"其"主要用作定语；"之"主要用作宾语；"彼"指示意味很重，不是一般的人称代词，也很少用来作主语。因此，在现代汉语需要用第三人称代词做主语的地方，在古文中，就只能重复上文的名词。而常见的办法是干脆把主语省去。再次，跟现代汉语一样，省略还有修辞上的原因。那就是为了使文字简洁、表达重点更加突出。总之，古文中的省略，是在一定的语言环境中，一定的上下文里出现的。是有条件的。在阅读时要认真揣摩，弄清这特定的语言环境，正确加以补足。同时，又必须确切理解古文词义，注意不要误以不省为省，而出现前人所指斥的"增字解经"的毛病。如：

恶之易也，如火之燎于原。

——《左传·隐公元年》

"易"当作"延"解。是延易、蔓延的意思。杜预注："言恶易长，如火焚原野。"误认为省略动词谓语，所以以增"长"字解释。

宋方吉，不可与也。

——《左传·哀公九年》

"与"当作"敌"解。是抵当的意思。杜预注"不可与"为"不可与战"，误认为省略了动词"战"。

不敢左右，唯好之故。

——《国语·吴语》

"敢"在这里是"犯"的意思。韦昭注："不敢左右暴掠齐民，惟有思好之故。"误认为前一句省略了动词及其宾语，所以增"暴掠齐民"四字来解释。

以上数例，均以不省为省，而想当然地加以补足。正如王引之所批评的"于文句间增字以足之，多方迁就而后得申其说。此强经以就我，而究非经之本义也"[1]。

---

[1]见《经义述闻》卷三十二。

（三）古文的固定句式

在阅读古文时，我们可以发现有一些结构相同的句子经常出现，某些词语经常结合在一起，形成一种习惯性的固定句式。其中所用的词，跟它们通常所表示的意义和语法作用往往并不完全一致。多数要作为一个整体来理解。凡是结构相同的，在表达上所起的作用也基本相同。因此，掌握这些固定句式，就能收到举一反三之效。

古文中最为常见的固定句式有如下几种：

一、"何以……为"

然则，又何以兵为？

——《荀子·议兵》

是社稷之臣也，何以伐为？

——《论语·季氏》

父有罪，何以召其子为？

——《史记·楚世家》

在这样的句式里，"为"是语气助词，"何以"有两种意思。如果它后面是名词或名词性词组，那么就作"何用"解（"用"是动词，"何"是疑问副词作状语），即"怎么用得着"，"哪里用得着"的意思。如"何以兵为"就是"哪里用得着兵呢？"因而，这样的句式有时也写作"何用……为"，如《汉书·元后传》"何用此亡国不祥玺为，而欲求之？"

　　如果"何以"后面是动词或动宾词组，那么，"何以"就是"以何"（"以"是介词，"何"是它的宾语），即"为什么"的意思。"何以伐为"，意思就是"为什么讨伐呢？"

　　由于古代汉语中，"何"可以作疑问副词，单独用来表示"为什么"的意思。所以在这样的句式里，如果"何以"后面是动词或动宾词组，则"以"字往往可以省去。如：

　　　　项王笑曰："天之亡我，我何渡为？"
　　　　　　　　　　　　　　——《史记·项羽本纪》

　　"何渡为？"意思就是"为什么渡江呢？"

　　　　上知朔多端，召问朔曰："何恐侏儒为？"
　　　　　　　　　　　　　　——《汉书·东方朔传》

　　"何恐侏儒为"意思就是"为什么恐吓侏儒呢？"

　　如果"何以"后是名词，作"以"的宾语，则有时这个名词可以省去，形成"何以为"的格式。意思是"哪里（怎么）用得着呢？"这时"以"当动词"用"解。如：

　　　　宝鼎事已决矣，尚何以为？
　　　　　　　　　　　　　　——《史记·孝武本纪》

119

"尚何以为"就是"还哪里用得着（公孙卿的奏章）呢?"

"何以……为"是表示反问语气的固定句式，其中的"何"，有时可改用其他疑问词。如：

奚以之九万里而南为?

——《庄子·逍遥游》

用"奚"代"何"。全句意思是"为什么到九万里高空向南去呢?"

恶用是鶃鶃者为哉?

——《孟子·滕文公》

用"恶"代"何"，全句意思是：哪里用得着这鶃鶃叫的东西呢?

恢曰："世方乱，安以富为?"

——《三国志·温恢传》

用"安"代"何"，"安以富为"即"哪里用得着富呢?"

二、"不亦……乎"

今释此而远攻，不亦谬乎!

——《史记·范雎蔡泽列传》

非时不见，不亦难得乎!

——《礼记·儒行》

上例中"不亦谬乎"即"不是荒谬吗"的意思。"不亦难得乎"即"不是难得吗"的意思。在这种句式里，"亦"字只是凑足音节、舒缓语气，不作现代汉语"也"字解。王引之在《经传释词》卷三"亦"字条下就说"凡言'不亦'者，皆以'亦'为语助"。

"不亦……乎"也是古文中表示反问的固定句式，语气较委婉，所表达的意思是肯定的。句末的疑问语气词，有时可以改用"邪"。如：

　　乃欲仰首伸眉，论列是非，不亦轻朝廷、羞当世之士邪！

——《报任安书》

三、"无乃……乎"

　　唯吾子戎车是利，无顾土宜，其无乃非先王之命也乎？

——《左传·成公二年》

　　段干木，贤者也，而魏礼之，天下莫不闻，无乃不可加兵乎？

——《新序·杂事》

前一例，"无乃非先王之命也乎"意思是：恐怕不是先王之命吧；后一例，"无乃不可加兵乎"意思是：恐怕不能出兵（攻魏）吧。这种说法，在形式上是表示对某种情况的测度，但实际上说话人的意思是偏于肯定的，这样说的目的，是为了使语气委婉一些，带有商量口吻，而让对方容易接受。"无乃……乎"一般都可译作"恐怕……吧"。其中"无"字，有时可以写作"毋"。如：

好兽而恶民，毋乃不可乎！

——《晏子春秋·内篇谏上》

"毋乃不可乎"即"恐怕不行吧"的意思。

"无乃"在古文中有时可以单用，不跟"乎"配合。这时，则只用来表示对某种情况的估计。跟上面介绍的作为一种委婉的肯定说法不同。例如：

今君德无乃犹有所阙，而以伐人，若之何？

——《左传·僖公十九年》

吴方无道，无乃辱吾君，不如止也。

——《左传·哀公十二年》

前一例"无乃犹有所阙"即"恐怕还有欠缺的地方"的意思；后一例，"无乃辱吾君"是"只怕使我们君主受辱"的意思。"无乃"都可译作"恐怕"或"只怕"。

四、"得无……乎"

夫神物之化，须人而成。今夫子作剑，得无得其人而后成乎？

——《吴越春秋》卷一

景公见而怪之曰："夫子何遽乎？得无有急乎？"

——《韩诗外传》卷十

前一例，"得无得其人而后成乎"，可译为

"莫非要得到人才能成功吗?"后一例, "得无有急乎", 可译为"该不会有急事吧?"这种固定句式, 是用来表示怀疑与猜测的语气。全句意思是对某种事实的推测, 一般都可译为"莫非……吗"或"该不会……吧"。有时, "得无"又写作"得毋"、"得微", 句末可以改用"邪"。意思都一样。例如:

> 今者, 阙然数日不见, 车马有行色, 得微往见跖邪?
>
> ——《庄子·盗跖》

> 此汉精兵, 击之不能下, 日夜引吾近南塞, 得毋有伏兵乎?
>
> ——《汉书·李广传》

上面例子中, "得微往见跖邪"即"莫非去见盗跖了吗?""得毋有伏兵乎"即"莫非有伏兵吗?"

五、"……孰与……"

> 秦昭公谓左右曰: "今日韩魏孰与始强?"
>
> ——《战国策·秦策》

> 田侯召大臣而谋曰: "救赵孰与勿救?"
>
> ——《战国策·齐策》

"孰与"在有比较的具体内容出现时, 也可以分开理解。"今日韩魏孰与始强"可以解为

"今日韩魏与始孰（哪个）强"。但多数情况下，
"孰与"已凝固成一个固定词组，应作为一个整
体看待。如王引之所说"书传中言'孰与'者，
皆谓'何如'也"[1]。它通常用在表示比较的疑
问句中，询问两项相比怎么样。如"救赵孰与勿
救"即救赵跟不救赵相比怎么样。

有时本无疑问，只是用问句形式提出抉择意
见，表示对后一情况的肯定。如：

> 望时而待之，孰与应时而使之？
>
> ——《荀子·天论》

这种句式里，"孰与"应理解为"哪里比得
上"。上面这句话可译为"盼望时令而等待它，哪
里比得上适应时令而使用它。"

六、"……者，……也"

> 兵者，凶器也。
>
> ——《韩非子·存韩》

> 楚左尹项伯者，项羽季父也。
>
> ——《史记·项羽本纪》

这是古文判断句最常见的格式。"者"用在
主语后，表示一种提示性的停顿，"也"用在句
尾，表示判断语气。"者"、"也"在现代汉语中
均无法译出。对这种句式，一般是在主谓之间加

---

[1]《经传释词》卷九。

判断词"是"来理解。如"兵械是凶器","楚国的左尹项伯是项羽的叔父"。

有时也可以只用"者"或只用"也",如：

陈婴者，故东阳令史。

——《史记·项羽本纪》

董狐，古之良史也。

——《左传·宣公二年》

只用"者"不用"也"，表示重点在主语方面；只用"也"不用"者"，则有强调判断内容的意味。总的说，作为判断句，语势不如"者""也"对用来得强。但在理解上并无区别。

七、"……之谓……"

生之谓性，犹白之谓白与？

——《孟子·告子》

富贵不能淫，贫贱不能移，威武不能屈，此之谓大丈夫。

——《孟子·滕文公》

这也是表判断的一种格式。在这种格式中，助词"之"放在主语和谓语之间，用来取消它的独立性。"谓"是"叫做"的意思。"生之谓性"可译为"天生的（资质）叫做性"；"此之谓大丈夫"可译为"这叫做大丈夫"。

有时"谓"之后跟着语气词，组成"……之谓也"、"……之谓乎"等格式：

传曰："君者，舟也；庶人者，水也。水则载舟，水则覆舟"，此之谓也。

——《荀子·王制》

人有言曰："兵在其颈"其郤至之谓乎？

——《国语·周语》

这种格式同样表示判断，但结构与上面说的不同。这里的助词"之"是宾语提前的标志。"谓"是动词"说"的意思。"此之谓"即"谓此"（说这回事）。"其郤至之谓乎"即"大概是说郤至吧？"

八、"何……之……也"

其有陶唐氏之遗民乎？不然，何忧之远也！

——《左传·襄公二十九年》

至城下，然后知，何知之晚也！

——《穀梁传·文公十四年》

上面例子中，"何忧之远也"就是说"怎么忧思这么深远啊"；"何知之晚也"就是说"知悟怎么这么晚啊"。可见，这是一种以疑问形式表示感叹语气的固定句式。句中用"之"，句尾用"也"，使说话的语气延缓，以增强感叹意味。这种格式，都可以译为"怎么……这么……啊"或"……怎么这么……啊"。

由于古文中的代词"其"，可以兼有"彼之"的意义和作用。因此，在主语已明确的情况下，这种格式可以改成"何其……也"。如：

　　夫子圣者与？何其多能也？

——《论语·子罕》

　　虽有君命，何其速也？

——《左传·僖公二十四年》

　　这种说法，疑问的意味较多。一般可译为"为什么这么……呢"。"何其多能也"就是说"为什么这么多能呢"；"何其速也"就是说"为什么这么快呢？"

　　九、"奈……何"、"如……何"、"若……何"

　　吾君老矣，国家多难，伯氏不出，奈吾君何？

——《国语·晋语》

　　且君而逃臣，若社稷何？

——《左传·宣公十二年》

　　陈文子见崔武子曰："将如君何？"

——《左传·襄公二十四年》

　　这种习惯说法，主要是用来询问办法的。都可译为"拿……怎么办"或"把……怎么样"。"奈"、"如"、"若"在古音中是一声之转。在这里都有"办"、"处置"、"对付"的意思。"何"

表疑问,当"怎么"、"怎样"讲。这种说法,有时是用疑问方式表示一种否定。如:"居肓之上,膏之下,若我何?"(《左传·成公十年》)"若我何"即"把我怎么样",实际是说不能把我怎么样。

这种格式中,动词"如"、"若"的宾语,有时可以用代词"之"代替。例如:

 我欲战矣,齐秦未可,若之何?

———《左传·僖公二十八年》

 滕,小国也。竭力以事大国,则不得免焉,如之何则可?

———《孟子·梁惠王》

这里的"若之何"、"如之何"也是用来询问办法。可以直译成"拿它怎么办"或"把它怎么样"。但不如说成"怎么办",更合现代语言习惯。有时可以用来询问对方对人和事物的态度,或采取某种行动的原因。如:

 闵子骞曰:"仍旧贯,如之何?"

———《论语·先进》

 社稷之卫也,若之何杀之?

———《左传·宣公十二年》

前一例,"如之何"询问态度,应译为"怎么样";后一例,"若之何"询问原因,应译为"怎么"或"为什么"。

由于古文中,作宾语的代词"之"往往可

以省略。这种说法就经常压缩成"奈何"、"若何"、"如何"这样的凝固结构。如：

> 使归就戮于秦，以逞寡君之志，若何？
>
> ——《左传·僖公三十三年》

> 诸侯不从，奈何？
>
> ——《汉书·高帝纪》

这种凝固结构用在句末，主要用来询问办法和态度。询问态度的，可译为"怎么样"，如上举《左传》例；询问办法的，可译为"怎么办"，如上举《汉书》例。但这种结构，在古文中更常见的用法还是放在句首，用来询问原因。如：

> 伤未及死，如何勿重？
>
> ——《左传·僖公二十二年》

> 为人上者，奈何不敬？
>
> ——《尚书·五子之歌》

> 非国家之利也，若何从之？
>
> ——《左传·襄公二十六年》

以上三例中，"如何"、"奈何"、"若何"均用来询问原因，可译为"为什么"或"怎么"。一般说来，说话人对后面所说的内容持否定态度，并不一定要求对方回答。

五　熟悉古人的行文习惯

　　由于社会因素的影响和修辞方面的需要，古人写文章有一些表达上的习惯手法。有的在现代人看来是很特殊的。这些表达手法，多数在今天已经没有什么可供借鉴的价值。但从阅读古文的需要出发，却应该对它有所了解。

（一）用词委婉

　　古人说话写文章有很多顾忌。因此，常常不把所要说的话直接说出来，而采用一种委婉曲折的说法，拐弯抹角地表达出来。如不熟悉这些说法，是很容易引起误解的。《汉书·萧望之传》就曾记载这样一件事：汉元帝时，当上中书令要职的宦官弘恭和石显，诬告元帝的师傅萧望之、周堪等。要求"请谒者召致廷尉"。当时汉元帝刘奭刚即位，不懂"谒者召致廷尉"就是逮捕下狱的委婉语。以为只是让掌传达的人把他们喊到司法官那里去问问。就批准了弘恭、石显的报告。于是造成误会，把自己所尊敬的师傅关进了监狱。

这一类说法，由来已久。西汉初期，贾谊在他的《陈政事疏》里就曾作过介绍。他说：古时候，高级官员有贪污行为的，不说不廉洁，而说"簠簋（fǔguǐ辅轨）不饰"，字面意思是"盛祭品的筐子不修饰"；有淫乱腐化行为的，不说污秽，而要说"帷薄不修"，字面意思是"屋里的帘帷不整治"；软弱无能、不堪任事的，不说软弱无能，而要说"下官不职"，字面意思是"下属官吏不称职"。这样一种说委婉语的社会风气，也必然在古人文章中得到反映。试举数例如下：

> 事有不可知者三，有不可奈何者亦三。宫车一日晏驾，是事之不可知者一也；君卒然捐馆舍，是事之不可知者二也；使臣卒然填沟壑，是事之不可知者三也。
>
> ——《史记·范雎蔡泽列传》

"宫车晏驾"的字面意思是说帝王坐的车子迟出，而实际上是说帝王（这里指秦昭王）的死；"捐馆舍"即"捐弃居住的馆舍"，在这里是称对方（秦相范雎）的死；而"填沟壑"则是王稽谦称自己的死。

> 恐卒然不可为讳，是仆终已不得舒愤懑

以晓左右。

——司马迁《报任安书》

"不可为讳"表面意思是"不能为你隐讳",实则指对方的被处斩。"仆"是奴仆,这里却是谦称自己。"左右"表面上是指对方左右的人,实则是对对方的敬称。表示不敢与对方直接对话,只能跟对方左右供驱使的人交谈。

昔者有王命,有采薪之忧,不能造朝。

——《孟子·公孙丑》

"采薪"即砍柴,是所谓贱者之事,贱者病,则有不能砍柴的忧虑。因此,用"采薪之忧"谦称自己有病。

臣幸得待罪行间,赖陛下神灵,军大捷,皆诸校力战之功也。

——《汉书·卫青传》

"待罪"是等待处罪的意思,但实际上指任职。"待罪行间"是谦称自己在军中担任指挥官。

寡君闻君亲举玉趾,将辱于敝邑,使下臣犒执事。

——《左传·僖公二十六年》

"寡君"本义是寡德之君,这里是谦称本国君主。"敝邑"是对自己国家的谦称。"辱于敝邑",实指对方(齐孝公)对本国(鲁国)的侵犯。"执事"本是供役使的人，这里却是敬称对方。这段话属外交辞令。在外交场合古人更讲究辞令的委婉得体，但在今人看来却未免晦涩难懂。如："不腆敝赋，以犒从者。"(《左传·成公二年》)表面上是说："用我们不丰厚的兵赋，慰劳您的随从"，实际意思却是"我们军队跟你们军队作战。"

古人这种用词委婉的习惯，往往使得字面意思和要表达的实际思想存在一段距离。阅读时必须细心领会，逐步熟悉。

（二）援用故实

援用古事来证实或说明自己的观点，是古人行文的常用手法。正如古代文论家刘勰所说的"明理引乎成辞，征义举乎人事，乃圣贤之鸿谟，经籍之通矩也"[1]。援用古事所以能收到较好的表达效果，不仅由于"征于旧则易为信，举彼所知则易为从"[2]，而且还能使语言形象生动、含蓄有味。因而，在先秦散文中就很常见。如：

> 故偃王行仁义而徐亡，子贡辩智而鲁

[1]见《文心雕龙·事类》。
[2]见黄侃《文心雕龙札记》。

削。以是言之，夫仁义辩智，非所以持国也。

——《韩非子·五蠹》

这里援引两件古事，说明仁义辩智无益于国。这两件古事的具体经过，在文章前面都作了完整的叙述。阅读时不须要翻查古籍，就可以理解。这是先秦散文用事的一个特点。在汉人的文章中，为了使文字精炼，引用古事则多半不作完整的叙述，只用一两句话加以概括。如：

臣闻比干剖心，子胥鸱夷，臣始不信，乃今知之。

——邹阳《狱中上梁王书》

这里引用古书记载的两件事：殷贤臣比干忠谏纣王而被剖心，伍子胥忠于吴王夫差而被赐死，尸体也被装入皮袋（鸱夷），投入江中。用这两件事说明"忠无不报，信不见疑"是"虚语"。在文章中，两件古事只用八个字表示。因而，只有熟悉这些故实，才能透彻理解文意。但仍与先秦时期一样，属于明用故实。

魏晋以后，文人用典达到高峰，形成"捃拾细事，争疏僻典。以一事不知为耻，以字有来历为高"[1]的风气。写文章援用古事的目的，往往由"据事以类义，援古以证今"[2]，转为用来使

---

[1] 见黄侃《文心雕龙札记》。
[2] 见《文心雕龙·事类》。

文章委婉、典雅、富丽。这方面最有代表性的是始于魏晋、盛于齐梁的骈体文。如：

> 畏南山之雨，忽践秦庭；让东海之滨，遂餐周粟。

——庾信《哀江南赋序》

这里四句话，每句都引用了一个典故。第一句，出自《列女传》，陶答子妻讥刺丈夫不修名节，说了一个南山豹为不使雾雨湿坏毛色，而宁愿七日不下山找食的故事。第二句，出自《左传》，申包胥哭秦庭，乞师救楚。第三句，用战国时齐田和迁齐康公于海滨，自立为国君的故实。第四句，反用伯夷叔齐在周灭殷后，不食周粟而饿死的故实。从字面上看，这几句是说：怕南山的雾雨湿坏了毛色，又很快踏上秦庭；齐康公避于海滨，让位给田和，我于是又吃了周粟。实际上作者要表达的意思却是：本想保持名节，没想到又出使西魏；西魏亡于北周，我又惭愧地做了北周的臣子。本意不明说，完全用典故来表达思想。跟先秦两汉古文用典有明显不同。要理解这些典故，不仅要熟悉这些古事，还要细心领会作者的用意。同一个典故可以从不同角度来理解，可以正用，也可以反用。如上面所举的用"遂餐周粟"来反衬自己不能像伯夷叔齐那样保持名节的惭愧心情，就是反用故事。又如《哀江南赋序》后面有这样几句："日暮途远，人间何世；将军一去，大树飘零。"第一句，出自《史记·伍子胥列传》，伍子胥曾说："吾日暮途远，吾故倒行而逆施之。"第二句由《庄子·人间世》篇名而来。第三、四句则用东汉冯异事。冯异在每次战后论功时，谦逊地独坐树下，被称为"大树将军"。但在这篇文章中，只借用其中一部分字面上的意义。第一句借"日暮"表年已将老。第三、四句，借"将军"指自己，并不是说自己像冯异那样谦逊。而"大树飘零"又只是用来比喻部下的溃散。

有时甚至把故实缩减成两个字，用来代替自己所要说的意思。如：

> 伟长独怀文抱质，恬淡寡欲，有箕山之志。

——曹丕《与吴质书》

"箕山"，是用尧让天下于许由，许由不受，隐居箕山的事。这里用来指代不慕荣利的高洁志向。

> 臣生当陨首，死当结草。

——李密《陈情表》

"结草"，出自《左传》，晋将魏颗不以父亲爱妾殉葬而让她改嫁，妾父的鬼魂在晋秦的一次战斗中，结草以绊秦将，使魏颗获胜。这里只用

"结草"二字点出，用来表示自己报恩的诚意。这些都属于暗用故实。

（三）引经据典

引用前人的"成辞"，论证自己的观点古已有之，有根有据，也是古人写文章论说事理时经常运用的手法。因而"引经据典"也就成了古代议论文字的特色之一。试看下面例子：

> 民事不可缓也。《诗》云"昼尔于茅，宵尔索綯；亟其乘屋，其始播百谷。"
>
> ——《孟子·滕文公》

> 庶人安政，然后君子安位。传曰"君者，舟也；庶人者，水也。水则载舟，水则覆舟"，此之谓也。
>
> ——《荀子·王制》

这两例都是先提出论点，然后再用古语作论据。在先秦两汉时期，作者为了使对方相信自己的观点，一般都注明来历，明确标出是引用古语。而且多数是照原文抄录。往往但求意显，不嫌文繁。也有时只述大意，不用原文。如"受有亿兆夷人，离心离德；予有乱臣十人，同心同德"。（《尚书·泰誓》）这段话在《左传·成公二年》引作"大誓所谓'商兆民离，周十人同'

者，众也。"这就是顾炎武《日知录》说的"略其文而用其意"。但仍然意思完整，出处明确。

不标明引用，而且对原文加以删节、改造，融化到自己文章中，使古语"不啻自其口出"[1]，是汉以后的文章家的惯用手法。

> 夫桃李不言而成蹊，有实存也；男子树兰而不芳，无其情也。

——《文心雕龙·情采》

这里上句见《史记·李将军列传赞》"桃李不言，下自成蹊。"下句见《淮南子·缪称》"男子树兰，美而不芳"。不熟悉古书，就很难知道这是用古人成辞。

> 怨不在大，可畏惟人；载舟覆舟，所宜深慎。

——魏徵《谏太宗十思疏》

"怨不在大"意思是说：怨恨不在于大小。是删《尚书·康诰》"怨不在大，亦不在小"一句而来的。"载舟覆舟"则是压缩上面所举《荀子·王制》例引用的古语而成的。上一例，不知出处，字面上还可以理解。这一例，如果不知出处，字面上就很难解释。

有时，作者引用古语只截取一端，有意留有

[1]见《文心雕龙·事类》。

余地，让读者去领会其言外之意。如：

> 南阳诸葛庐，西蜀子云亭。孔子云："何陋之有？"

——刘禹锡《陋室铭》

孔子的话，出自《论语·子罕》，原文是"君子居之，何陋之有"，这里只截取后一句。但是，熟悉古书的读者，一看就会联想到上一句"君子居之"，并领会到作者正是要以此来跟上文"斯是陋室，唯君德馨"相照应的。

> 呜呼噫嘻！时耶命耶？从古如斯。为之奈何？守在四夷。

——李华《吊古战场文》

"守在四夷"是作者对全文提出的问题所作的答案。语出《左传·昭公二十三年》"古者天子守在四夷"，是说古代天子使四夷为之守土。这还不是作者真正用意。《左传》原文下面还有几句"天子卑，守在诸侯；诸侯守在四邻。诸侯卑，守在四竟"。可见"守在四夷"的原因是"天子尊"，与下文"天子卑"参互见义。作者意思是：天子能修文治，使自己的地位尊而不卑，则四夷宾服，也就没有残酷的战祸了。

采用这种手法，是建立在读者熟悉古语的基础上的。在作者看来只要稍加提示，读者就能明白。但对今天的读者来说，必须先查得出处，弄懂原文意思，再进一步去考察引用者的意图。

自先秦以来，被引用最多的古书是《诗经》。因此，"子曰诗云"几乎成了古文的代名词。值得提出的是，古人引《诗经》上的话，往往"断章取义"，并不一定符合《诗经》原意。试看下面例子：

> 《诗》云"鸢飞戾天，鱼跃于渊"言其上下察也。君子之道，造端乎夫妇；及其至也，察乎天地。
>
> ——《礼记·中庸》

这里所引的诗，见《诗·大雅·旱麓》，是说鸢在天空飞翔，鱼在深渊跳跃。这里引用来说明君子之道上至天，下至地。仅仅是借用字面意思。

> 《诗》曰"鸤鸠在桑，其子七兮。淑人君子，其仪一兮。其仪一兮，心如结兮。"故君子结于一也。
>
> ——《荀子·劝学》

这里引的诗，见《诗·曹风·鸤鸠》，原文"其仪一兮"是指有贤德的人处处仪态如一。荀子要说明的意思是有贤德的人用心专一。显然有很大差别。前人只取行文方便，在这些方面并不加考究。所以清代学者卢文弨说："《诗》无定形，读《诗》亦无定解。""经传所援引各有取义，而不必尽符乎本旨"[1]。在春秋战国时期，列国之间外事往来，普遍运用赋诗言志的办法，更是不顾原意，断章取义。这是我们读《左传》等古籍时应注意的。

（四）变文避复

同字重出，是古人行文一忌。因而，在写文章时，遇到上下文有相同的字重复出现的情况，古人则往往更换其字。如"流共工于幽州，放驩兜于崇山，窜三苗于三危，殛鲧于羽山。"（《尚书·舜典》）"殛"往往被理解为诛杀，似乎鲧的罪恶是四凶之最，其实不然。马叙伦《古书疑义举例校录》云："'殛'乃'极'之借字。《仪礼·大射仪》注'极犹放也'。"他的意见是正确的。这四句中"流、放、窜、殛"四字同义，都是放逐的意思。文章所以要这样写，是为了避免同字重出。前人也说"异其文，述作之体"[2]。"前年杀彭越，往年杀韩信。"（《汉书·英布传》）张晏注"往年与前年同耳，文相避也。"可见，变文避复是古人行文的体式。俞樾称之为

----

[1]见《抱经堂文集》卷三《校本〈韩诗外传〉序》。
[2]见《古书疑义举例》卷一引《枚传》。

"变文以成辞而无异义"[1]，目的是使文章有变化而不流于呆滞。因此，古文中，上下文字异而义同的现象甚为常见。例如：

> 天作孽，犹可违；自作孽，不可逭。
>
> ——《尚书·太甲》

"逭"与"违"同义。在这里都是逃避的意思。

> 可荐于鬼神，可羞于王公。
>
> ——《左传·隐公三年》

"羞"与"荐"同义。在这里都是指进献美味。

> 上古竞于道德，中世逐于智谋，当今争于气力。
>
> ——《韩非子·五蠹》

这里"竞、逐、争"三字意义相同。

> 以夏进炉，以冬奏扇。
>
> ——《论衡·逢遇》

"奏"与"进"意义也相同。

遇到上下文有同样用法的虚词，古人有时也加以变化：

> 非父则母，非兄而姒。
>
> ——《墨子·明鬼》

"而"与"则"用法相同。

---

[1] 见《古书疑义举例》卷一。

卫青、霍去病亦以外戚贵，然颇用材能自进。

——《史记·佞幸列传》

"用"与"以"同，都是凭借的意思。

以上所举，都是在上下文类似结构中变文以避复。这是古文中经常可以见到的。掌握古人行文的这一习惯，有助于我们通过比较去获得词义。但变文避复也并不是只出现于这种类似的结构中。如《汉书·翟方进传》："兄宣静言令色，外巧内嫉。""静言"即"巧言"，本用《论语·学而》"巧言令色"的成语。改"巧"为"静"，是为了避下文的"巧"字。唐颜师古不明此例，注云："静，安也。令，善也。言其阳为安静之言，外有善色，而实嫉害也。"应系误解[1]。

变换上下文中的代词的现象，在秦汉古文中是时常可以碰到的。如：

相国为民请吾苑不许，我不过为桀纣主，而相国为贤相。吾故原相国，欲令百姓闻吾过。

——《汉书·萧何传》

上句主语用"我"，后句换用"吾"。

始吾从若饮，我不盗而璧，若笞我。若

---

[1]参见王念孙《读书杂志》卷六。

善守汝国，我顾且盗而城。

——《史记·张仪列传》

第一人称代词"吾"、"我"更换使用，第二人称代词"若"、"而"、"汝"交替出现。

除避复外，也难以找到可靠的规律。

古文中，为避复而更换名词的现象虽较少见，但更值得重视。例如：

故奔北败军之将用，秦鲁以成其功；绝缨盗马之臣赦，楚赵以济其难。

——《三国志·陈思王植传》

"绝缨"事发生在楚国，"盗马"事却与赵国无关。据《史记·秦本纪》记载，秦穆公良马被盗，查获后，穆公"赐酒而赦之"。后来在秦晋的一次战争中，秦因盗马人的帮助转败为胜。可见文中后一句本应作"楚秦以济其难"。由于"秦"字在上句已出现，为避免同字重出，故改为"赵"。因秦的祖先受周封于赵城，曾以"赵"为姓。

《左传》这部书，在叙事中，遇到上下文有人名重出的现象时，也常常改换称呼。如"晋侯使郤乞告瑕吕饴甥，且召之。子金教之言曰：'朝国人而以君命赏……'。"（《僖公十五年》）这里的"子金"就是上面说的"瑕吕饴甥"（姓吕，字子金。瑕是他的食邑）。更换称呼，文中并不加说明，极易误解为两人。明代学者杨慎就曾谈到自己读《左传》的苦恼，他说："予读左氏书赵朔、赵同、赵括事，茫然如堕蒙瞍，既书字，又书名，又书官，似谜语诳儿童者。"[1]

名词的变文避复，确实会给读者带来理解上的麻烦。魏晋以后的诗歌，上下文避复的要求更为严格，因此，甚至出现为避复而不顾事实的现象。如谢灵运《述祖德诗》"弘高犒晋师，仲连却秦军"。郑商人弦高犒师事，见《左传·僖公三十三年》，所犒的是秦师，不是晋师。谢诗是为避下句"秦"字而改的。但这样一改就与史实不符。只有了解古人变文避复的习惯，在遇到类似现象时，才不至于迷惑。

（五）词语割裂

古人行文，常常为了某种需要，不惜把词语割裂，运用于自己的文章中。这种词语割裂的现象可以分为两类：一是割裂式省称，一是割裂式代称。

割裂式省称，主要是割裂姓名。如：

　　杨意不逢，抚凌云而自惜；锺期既遇，

---

[1]见《丹铅杂录》卷六。

奏流水以何惭。

——《滕王阁序》

这里的"杨意"，即举荐司马相如的杨得意。"锺期"即春秋时俞伯牙的知音锺子期。各被割去中间一字。

世祖旌贤，建葛亮之胤。

——《晋书·王濬传》

这里"葛亮"即诸葛亮。把复姓割成一字。

马卿为自叙传，具在其集中。

——《史通·杂说》

汉司马相如字长卿，所以又称司马长卿。这里姓与字各被割去一字。

从以上数例中可以看出，姓名割裂并无一定规律。在这几例中，割裂后还剩两个字。辨认尚不太困难。有时，割裂成一个字，就使人难以捉摸。如：

巨滔天而泯夏兮，考遒慜以行谣。

——《汉书·叙传》

"巨"是王莽，王莽字巨君。这里只用一个"巨"字。

管束缚兮桎梏，百贸易兮传卖。

——王逸《九思》

这里的"管"是管仲，称姓不称名，尚可理解。"百"指百里奚，复姓百里，名奚。割裂成一个"百"字，就很难理解。

古文中两个人名合称时，往往割裂方式并不一致。试看下面例子：

　　使曹、勃不能制。

——贾谊《新书·权重》

"曹"是曹参，"勃"是周勃。一个用姓，一个用名。

　　绛、灌等或谗平。

——《汉书·陈平传》

"绛"是绛侯周勃，"灌"是灌婴。一个用封号，一个用姓。

　　迹三代之季世，览宗、宣之飨国。

——《汉书·杜钦传》

韦昭注"宗，殷高宗也。宣，周宣王也。皆飨国长久。"殷高宗武丁省称"宗"，周宣王姬静省称"宣"。如没有韦昭的注，那是很费猜测的。

　　夷、叔之伦，甘长饥于首阳。

——《三国志·王昶传》

"夷、叔"指殷孤竹君的两个儿子伯夷和叔齐。一个用后一字，一个用前一字。

还有把程婴和公孙杵臼并称为"程、杵"，把伊尹和周公合称为"伊、公"等等。这种割裂式省称在汉以来的诗赋中最为常见。主要原因，当然是为了就音凑对或使文字整齐。但往往不顾内容，"任意宰割"，甚至晦涩到非作者自注不可。阅读时应结合史实细心查考，否则是很容易张冠李戴的。

所谓割裂式代称，是指古代文人喜欢把前人文章中的词句，斩头去尾地写进自己的文章里，而且，是把要说的词语割去，用和它相连的部分来代替。如：

> 陛下隆于友于，不忍遏绝。
>
> ——《后汉书·史弼传》

这里的"友于"是指兄弟。是割裂《尚书·君陈》"惟孝友于兄弟"一句而成的。

> 引领望京室，南路在伐柯。
>
> ——潘岳《河阳县作》

用的是"伐柯"二字，实际上要说的意思是道路"不远"。这是从《诗·豳风·伐柯》"伐柯伐柯，其则不远"一语割裂而来的。

> 若昔贤可称，则今体宜弃；俱为盍各，
> 则未之敢许。
>
> ——萧纲《与湘东王书》

"盍各"二字是说"言志"。因为《论语·公冶长》有"盍各言尔志"一语。

> 何倚伏之难量，亦庆吊之相及。
>
> ——萧统《陶渊明集序》

用"倚伏"代"祸福"。因为《老子》第五十章有"祸兮福所倚，福兮祸所伏"的话。

这种割裂式代称，能使语言含蓄、幽默。《南史·到溉传》有段记载："溉孙荩早聪慧，尝从武帝幸京口，登北顾楼赋诗。荩受诏便就。上以示溉曰：'荩定是才子，翻恐卿从来文章假手于荩。'因赐绢二十匹。后溉每和御诗，上辄手诏戏溉曰：'得无诒厥之力乎？'""诒厥"就是指"孙"，因为《诗·大雅·文王有声》有"诒厥孙谋"一语。这里说"诒厥之力"，比直接说"孙子之力"含蓄有味，收到一定的修辞效果。作用如同后代的歇后语。

但总的说来，割裂式代称和割裂式省称一样，都是一种不良的文风，是不足为训的。由于它在古文中是既成事实，阅读时对它必须有所认识。

（六）避讳改字

在等级森严的封建社会，人们写文章遇到当代帝王或本人父、祖的名字，都必须回避。回避的办法，大致有三种：一是空字。如许慎写《说文解字》为避东汉光武帝刘秀的名讳，就在禾部该写"秀"字的地方空一格，注上"上讳"二字。二是缺笔。是省去一个字的最后一两笔。如

"丘"字，为避孔子讳，写作"兵"；"民"字，为避唐太宗李世民讳写作"尸"；"胤"字，为避宋太祖赵匡胤讳，写作"胄"。三是改字，即改换另一个字代替。这是古人最常用的一种避讳法，也是阅读古文时最应引起重视的。姑举数例如下：

> 周公及武公娶于薛，孝惠娶于商，自桓以下娶于齐。
>
> ——《左传·哀公二十四年》

薛、齐都是国名，"商"也应是国名，可是春秋时并无商国。原来商就是宋（宋国是殷商之后），是作者为避鲁定公姬宋的名讳而改的。

> 博览亡不通，依老子、严周之指，著书十余万言。
>
> ——《汉书·王贡两龚鲍传》

"严周"是什么人？西汉以前不闻有严周其人。原来严周即庄周，是作者为避东汉明帝刘庄的名讳而改的。《汉书》中这种改换很多，如把庄助改为严助，庄子陵改为严子陵。

> 微子开者，殷帝乙之首子，而纣之庶兄也。
>
> ——《史记·宋微子世家》

据《左传·哀公九年》记载："微子启，帝乙之元子也。"可见微子本名启，《史记》却写作

"微子开"，怎么一回事呢？原来是司马迁为避汉景帝刘启的名讳而改的。

其他如晋代避司马昭讳，改昭君为明君或明妃。避晋简文帝皇后郑阿春的名讳，改"皮里春秋"为"皮里阳秋"。隋代避炀帝杨广名讳，改《广雅》为《博雅》。唐代避唐明皇李隆基名讳，改"万机"为"万枢"等等。在古文中是不胜枚举的。

不仅写文章要为避讳而改字，有时对前代著作中该避的字也往往加以追改。如：

> 因读吴王夫差时事，僖废书叹曰："若是，所谓画龙不成反为狗者。"
>
> ——《后汉书·孔僖传》

《后汉书》原文本应作"画虎不成反为狗"，这里写作"画龙"，是唐章怀太子李贤注《后汉书》时，为避李渊祖父李虎的名讳而追改的。

> 管仲相威公，霸诸侯，攘戎狄，终其身齐国富强，诸侯不叛。
>
> ——苏洵《管仲论》

据史书记载，管仲是在齐桓公时为相的，不是威公。这是南宋人为避宋钦宗赵桓的名讳而追改的。其他如朱熹注"四书"，为避宋孝宗赵眘（古慎字）的名讳，把"四书"中的"慎"字都改为"谨"字。为避宋太祖赵匡胤名讳，改《孟子》"一匡天下"为"一正天下"等等，都是后人追改古书。

以上所举均是避帝王的名讳，旧称"国讳"。古人写文章遇到自己父、祖的名讳，也要回避。旧称"家讳"。如司马迁父名谈，《史记·赵世家》"张孟谈"改为"张孟同"；《佞幸传》"赵谈"改为"赵同"。汉淮南王刘安父名长，因而《淮南子》全书不用一个"长"字。遇到要用"长"字的地方，则以"修"字代替。另外如韩愈的文集不用"益"字，欧阳修文集不用"观"字，苏轼文集不用"序"字，都是为了避家讳。

避讳改字，主要是采用同义或近义字相代的办法。在魏晋以前，由于"不讳嫌名（同音字）"，有时也用同音字代替，如司马迁用"同"代"谈"，"同"、"谈"在当时是同音字。

直到范晔写《后汉书》改郭泰为郭太，也还是用同音字代替。后代讳及同音字，于是就改用同义字相代。所以北齐颜之推说"凡避讳者，皆须得其同训以代换之"[1]。对于前代因避讳而改的字，后人因阅读不便，又往往加以回改，有的改了，有的又没有改。阅读时也应引起注意。

至于为避帝王名讳而改换职官、地区的名

[1]见《颜氏家训·风操》。

称，在古书中就更普遍了。如避汉文帝刘恒讳，改恒山为常山。避晋愍帝司马邺讳，改建业为建康。孙权立儿子孙和为太子，改禾兴为嘉兴。唐避李隆基讳，改隆州为阆中。汉避刘秀讳，改秀才为茂才。隋避文帝杨坚父杨忠讳，改侍中为侍内。唐避李世民讳，改民部为户部。有人把白居易曾担任过的江州司马，解释为"负责江州军事的长官"，那也是因为不知道唐代的"司马"，就是汉代的"治中"，是"主众曹文书"的文职官员。改"治中"为"司马"，是为了避唐高宗李治的名讳。

　　避讳改字、改名称，给古书造成了混乱，也给后人阅读古文增加了困难。因此，必须懂得一些历代避讳方面的知识。在这方面要想作进一步了解，陈垣的《史讳举例》是一部值得参考的介绍避讳学的专著。

六　在阅读实践中提高

（一）熟读与深思

多读、熟读，是提高阅读古文能力的一种传统的、行之有效的方法。据史书记载：三国时有个经学家名叫董遇，对《左传》、《老子》等古籍都很有研究。有人想跟他学，他却不肯教。说一定得先读一百遍，"读书百遍，而义自见"[1]。董遇这话并不是信口搪塞，而实在是经验之谈。熟读一定要和深思相结合。宋代大文豪苏轼深有体会地说"旧书不厌百回读，熟读深思子自知"[2]。朱熹也特别强调阅读时"须是如猛将用兵，直是鏖战一阵；如酷吏治狱，直是推勘

---

[1]见《三国志·王朗传》裴注引《魏略》。
[2]《送安惇秀才失解西归》，见《东坡集》卷二。

154

到底，决是不恕他方得"[1]。不在阅读上狠下功夫，而想通过什么别的途径获得一把可以打开一切古籍之门的钥匙，那只是一种幻想。

古文中的词存在复杂的多义性，但在一定的上下文里，都只能有一种意义。反复阅读通篇，能帮助读者联系上下文确切地理解词义。鲁迅在《论新文字》一文中说："虽是方块字，倘若单取一两个字，也往往难以确切地定出它的意义来。例如'日者'这两个字，如果只是这两个字，我们可以作'太阳这东西'解，可以作'近几天'解，也可以作'占卜凶吉的人'解；又如'果然'大抵是'竟是'的意思，然而又是一种动物的名目，也可以作隐起的形容；就是一个'一'字，在孤立的时候，也不能决定它是数字'一二三'之'一'呢，还是动词'四海一'之'一'。不过，组织在句子里，这疑难就消失了。"如果孤立地去考证一词一字的意义，词义就可能被曲解。例如：

马或奔踶而致千里。

——《汉书·武帝纪》

这里"奔踶"二字，王念孙认为是"上下同义，不可分训"的"连语"，又说"奔踶，犹奔驰

[1]朱熹《朱子语类辑略》卷二。

耳"。并引《说文》、《史记·张仪传》司马贞《索隐》、《淮南子·修务篇》高诱注，证明"踶"就是"疾行"，指马快跑[1]。考证不可谓不博。然而并没有得其真诠。究其因，就是过于执着于一字一词的考证，没有反复阅读全文，联系全篇和上下文的意思来考察。本文是汉武帝下的《察茂才异等诏》，他的意思是令各州郡察举人才，不要对人才求全责备。所以下面接着说"士或有负俗之累而立功名。夫泛驾之马，跅弛之士，亦在御之而已"。"奔踶"与"负俗之累"对文，应该都是指不足之处。下文"泛驾之马，跅弛之士"正是分承这两句的。马能"奔驰"，正是马的长处，显然与文意不合。因此，"奔踶"二字还是颜师古注得对，"乘之则奔，立则踶人"。《广雅·释诂》"踶，蹋（踏）也。""蹋"也就是"踢"。《庄子·马蹄》："马怒则分背相踶。""相踶"即"相踢"。《韩非子·说林》："伯乐教二人相踶马。""踶马"即好踢人的烈马[2]。

又如《左传·僖公二十三年》记载晋公子重耳出亡，有这样一段话：

　　过卫，卫文公不礼焉。出于五鹿，乞食于野人，野人与之块。公子怒，欲鞭之。子

---

[2]参见杨树达《汉书窥管》卷一。

犯曰"天赐也"。稽首，受而载之。

对于这段文章中的"块"字，有的学者从字形和字音两方面作了细致的考证。认为这里的"块"，就是"蒉"，蒉是一种粗草编的，用来盛土的田器。并引《史记·晋世家》"野人盛土器中进之"一语为证，说明《左传》中的"块"，就是《史记》中的"土器"。因而，这句话应理解为"农民把食物盛在装土的草器里献给重耳。"但联系全篇和上下文意来考察，这个"块"字，只能理解为"土块"。对于重耳这个在外流亡多年的落魄公子来说，怒的原因只能是由于给的是不能充饥的土块。子犯那些离奇的举动，也是因为看到农民给的是土，于是异想天开，认为是重耳受封得国的预兆。据史籍记载：周天子封给诸侯土地与臣民，要举行授土授民仪式。授土是天子建一个大社，分封时，凿一块社土放在白茅上，赐给受封诸侯，称为受土于周室。至于《史记》"盛土器中"，并不是说"把食物放在土器里"，而是"盛土于器中"的省略。同时《史记》紧接着还有下文："赵衰曰：'土者，有土也。君其拜受之。'"更是明明白白写着是土。

阅读古文必须在篇章中理解句意，在句子中识别词义。今人钱钟书说得好："乾嘉'朴学'教人，必知字之诂，而后识句之意，识句之意，而后通全篇之义，进而窥全书之指。"但是"复须解全篇之义乃至全书之指（"志"），庶得以定某句之意（"词"），解全句之意，庶得以定某字之诂（"文"）。"[1]

古人行文，上下文往往采用相同的句式，以增强表达效果。因而，通过上下文句子结构的对比，也有助于准确理解词义。如：

> 洞酌彼行潦，挹彼注兹，可以濯溉。
>
> ——《诗·大雅·洞酌》

这里的"溉"字，《毛诗正义》说："溉，清也。谓洗之使清洁。"朱熹《诗集传》注："溉，亦涤也。"这些解释是否正确，可以联系上一章进行对比。上章是"洞酌彼行潦，挹彼注兹，可以濯罍。""罍"，没有疑问是一种酒杯，是名词，"濯罍"是动宾结构。那么和它处在同等地位的"濯溉"，一般说来，也应该是动宾结构，"溉"也应该是名词。而"清"是形容词，"涤"是动词，于义不切。这样一比较，就启发我们进一步去探讨。原来"溉"就是"概"，古代有一种祭祀用的黑漆酒樽就叫"概"[2]。

《左传·襄公十三年》在叙述晋大夫士匄和韩起让贤的事情后，有一段议论："世之治也，

---

[1]见《管锥篇》第一七一页。
[2]参见《经义述闻》卷七。

君子尚能而让其下，小人农力以事其上。"这里的
"农力"二字，《春秋左传读本》注为"尽力于
农作"。把"农"解为名词"农作"。我们从与上
句的对比中可以看出，"农力"应与"尚能"结
构相同。"尚"是动词，"农"也应是动词。进一
步考察，原来"农"在古代有"厚"义。段玉裁
说："凡农声字皆训厚。"[1]引申作"勉"解。《广
雅·释诂》："农，勉也。"《管子·大匡》："用力
不农。"即用力不勉的意思[2]。可见，这里的"农
力"应解为勉力。又如：

> 是以古者尚力务本而种树繁，躬耕趋时
> 而衣食足。
>
> ——《盐铁论·力耕》

这里的"种树"，是否可理解为"栽种树木"
呢？我们也可以结合下文的语法结构来考察。下
句"衣食"是并列词组，那么处于相同位置的
"种树"，一般也应是并列词组。原来，先秦两
汉时期"树"多作"种植"解，跟"种"是同义
词。《吴越春秋》卷一："（后稷）为儿时好种树
禾黍桑麻五谷。""种树"连用，主要指农业上的
种植。《汉书·文帝纪》"吾诏书数下，岁劝民种
树，而功未兴"。这里是针对"民有饥色"而下的

---

[1]见《说文解字注》衣部"襛"字注。
[2]见王念孙《读书杂志》卷七。

劝农令，"种树"是种植农作物，均不能解为栽种树木。

　　在阅读中提高，不能只停留在熟读一些优秀篇章这个范围内。分析比较也不能局限在一篇古文或一部古书中。广泛接触，开阔眼界，同样是一个重要方面。接触面广，不仅可以增加对古代社会的了解，从而更好地理解古文。还能更清楚地认识古人用词造句的特点，解决阅读中的一些疑难。例如《孟子·梁惠王下》："凶年饥岁，君之民老弱转乎沟壑，壮者散而之四方者，几千人矣。"有人认为这里的"几千人"，可以解为不止一千，与现代汉语的"几千人"意思相同。也曾有人把《汉书·韩安国传》"高帝身披坚执锐，蒙雾露，沐霜雪，行几十年"中的"行几十年"，解为"干了几十年"。如果我们接触面较广一些，就可以看到古文中常有"几四十年"、"几十五万"、"几八万"等说法。而现代汉语叙述句中的"几十"，古人只说"数十"。如《孟子·滕文公》："其徒数十人。"《战国策·齐策》："孟尝君为相数十年。"有时虽然也用"几"表数，如《庄子·逍遥游》："鲲之大，不知其几千里也。"《汉书·赵充国传》："当用几人。"但这种用法的"几"，是表有疑问的未知数。有了这样的认识，我们就可断定，《孟子》的"几千人"只能是

"将近千人"的意思;《汉书》的"几十年",也是"将近十年"的意思。"几"都读平声(ㄐ)。

语言是具有社会性的。某一词的某一意义,绝对不只出现在某一人的笔下,或某一篇文章中。接触面广,可以便于我们将同一个词在不同文章中的意义和用法加以对照,从而获得正确的解释。例如:

> 临川之城东,有地隐然而高,以临于溪,曰"新城"。
>
> ——曾巩《墨池记》

这里的"隐然"是什么意思?有的注本说"隐然,隐约地",有的说"隐然而高,微微高起"。就这一篇文章看,似乎无可非议。如果我们还读过别的一些文章,如:

> 自岳阳门西距金鸡之右,其外隐然隆高以长者曰偃虹堤。
>
> ——欧阳修《偃虹堤记》

> 累历战功,声名隐然。
>
> ——王明清《挥麈后录》

比较这数例中"隐然"的用法,我们不难断定,"隐然"绝不是"隐约"或"微微"的意思,而是形容明显突起的样子。

古文中有一些流行于一定时代的俗语,历代辞书中不收,也往往为注家所忽略或误解。多读古书，可以帮助我们掌握较多的语言材料，从比较中弄清它的含义。例如：

> 君何不自喜！夫魏其毁君，君当免冠解印绶归。

——《汉书·田蚡传》

这是韩安国对田蚡责难的回答。颜师古注："何不自谦逊为可喜之事也。"《史记·魏其武安侯列传》裴骃《集解》引苏林说"何不自解释为喜乐耶？"显然都很牵强。要想求得确切解释，必须对照"不自喜"在其他文章中的用法：

> 帝非我不得立，已而弃捐吾女。壹何不自喜而倍本乎！

——《史记·外戚世家》

> 足下何不自喜也。臣愿以事见，而曰吾方以天下为事，未暇见儒人也。

——《史记·郦食其列传》

这两例中，前者是武帝陈皇后被废，其母责备武帝姐平阳公主的话。后者是郦食其针对刘邦轻视士人的态度说的话。"不自喜"均表示一种责备或规谏的语气。其中的"喜"与喜乐无关。明末清初的学者黄扶孟据此推断："诸云'不自喜'即今俗云'好不思量'之意。必当时方言如此。"[1]

---

[1] 见黄生《义府》卷下。

以此解释《汉书·田蚡传》，疑问亦涣然冰释。这个结论是可信的。

掌握较多的古代文献中的实际语言材料，通过比较，获得词语的确切含义，是一种重要的训诂方法。学习古文，如能多接触古代文献，经常涵泳其中，不断比较对照，则古文的词义，古文的句法，古人的行文习惯等，都会逐渐了然于心。

古代同一件事，往往在不同的著作里都有记载。说法基本相同，有时句式也接近，其中有的字词却不同。这就叫异文。参考类似记载，有助于我们对事件的了解；对照异文，可以更确切理解词义。例如《吕氏春秋·权勋篇》："虞公滥于宝与马，而欲许之。"这里"滥"字很费解。这件事在《韩非子·十过》中也有记载，却写作"虞公贪利其璧与马，而欲许之。"可见"滥"跟这里的"贪"意义应该相同。故高诱注："滥，贪也。"又如《史记·黥布列传》："人有闻者，共俳笑之。"唐司马贞《史记索隐》解释后一句，说是："谓众共以俳优辈笑之。"把"俳"看作是名词"俳优"，添了许多字，文意仍危阢不安。对照《汉书·黥布传》："人有闻者，共戏笑之。"可见"俳"应作"戏"解。《一切经音义》引《仓颉篇》："俳，戏也。"正是这样解释的。

古音通假也往往可以对照异文来推究。如

《史记·陈涉世家》："士亦不敢贯弓而报怨。"这句话在《汉书·陈胜传》中写作"士不敢弯弓而报怨"。由此可知"贯"是"弯"的通假字。又如《战国策·燕策》："乃引其匕首以提秦王。"这件事在《史记·刺客列传》中写作"乃引其匕首以擿秦王。""提"、"擿"音近，"提"就是"擿"的通假字。"擿"即"掷"字。

古文中成分的省略，也可以参考类似记载，正确加以补足。例如《战国策·卫策》："卫赎之百金，不与；乃请以左氏。"后一句，结构不完整。参考《韩非子·内储说上》"乃以左氏易之。"可以明确，《战国策》原文"以左氏"后，省略"易之"二字。又如《韩非子·外储说左上》："蔡女为桓公妻。桓公与之乘舟。夫人荡舟。桓公大惧，禁之不止，怒而出之，乃且复召之。因更嫁之。"最后一句主语是谁，照一般的规律，似乎是承上省去"桓公"二字。对照《左传·僖公三年》写作"蔡人嫁之"，我们才能清楚知道，"嫁"的主语并不是桓公，而应是"蔡人"。是蔡女被桓公赶回家后，蔡人把她改嫁给别人。

文字讹阙，是古书难读的重要原因之一。要解决这个问题，除利用同一著作的不同版本进行校勘外，也可以参考不同著作中的类似记载来加以订正。如：《战国策·齐策》："今夫齐，亦君之水也；君长有齐，奚以薛为？夫齐，虽隆薛之城到于天，犹之无益也。"这后一个"夫齐"，与上文不衔接，与下文语气也不合。这段话在《韩非子·说林》中，写作"君失齐，虽隆薛城至于天，犹无益也"。"君失齐"，与上文"君长有齐"正相对应，与下文语气也相贯。再看《淮南子·人间篇》："君失齐，则薛能自存乎？"至此，我们就有充分理由断定：《战国策》原文"夫齐"是"失齐"之误。

这种读书方法，人们称之为"校读法"。学会运用它，对提高阅读能力很有帮助。

（二）正确使用旧注

阅读古文，尤其是先秦时期的古文，如果完全不依靠古代传注的帮助，而想读懂它，那几乎是不可能的。由语言发展和社会变化造成的隔阂，不同程度地阻碍了后人对古书的理解。周秦时代的作品，西汉人读起来就已感到困难。汉文帝时，访求一个能讲解《尚书》的，都很不容易。秦丞相李斯编的儿童识字课本《仓颉篇》，至汉宣帝时，竟使"俗师失其读"[1]。汉人阅读

---

[1]见《汉书·艺文志》。

古书，主要依靠师传。为了适应越来越多的人读经的需要，就有人开始把前人传授的古训记录下来，或加上自己对经文的理解，写成专书。这就是最早的古书传注。从西汉开始，历代都有一些学者呕心沥血从事这项工作，留下了大量宝贵的训诂资料，对后人读懂古书起了桥梁作用。所以清代学者阮元说"士人读书当从经学始，经学当从注疏始"[1]。

对古书的注释解说，古人把它叫做训诂。具体来说，除"传"、"注"外，还有"笺"、"疏"、"正义"、"集解"等名称，都是注释之意。但它们的体例和内容，又各有一些区别。

"传"是传述的意思。本来它对正文来说，是一种"取春秋（指古代一切历史传记），采杂说"[2]，或证发经意，或阐明经义的论说性的著作。如"春秋三传"、《韩诗外传》等。《毛诗诂训传》的"传"也是如此。至于《毛传》中有对经文字句的解释，那是因为它是同时包括"故训"和"传"两部分内容的缘故。后来则转变为专释经文字句，如伪《尚书孔安国传》，就不再是通论杂说式的了。

"注"，段玉裁说"注之云者，引之有所适

[1]见《十三经注疏·重刻宋板注疏总目录》。
[2]见《汉书·艺文志》。

也。故释经以明其义曰注"[1]。"注"本得义于水的灌注，是专释经文字句的著作。如：郑玄《周礼注》、《仪礼注》、《礼记注》，赵岐《孟子注》。

"笺"，《说文》云："表识书也。"是指对经文或前人训诂有所发明而表识其旁，如后代的笺记。郑玄作《毛诗笺》，他自己曾作说明："注诗宗毛为主，毛义若隐略，则更表明；如有不同，即下己意，使可识别[1]。"可见，他的"笺"，就是以《毛诗故训传》为基础，作一些补充说明，写上自己的见解，并一一标出，可以识别，不与《毛传》相混。

"疏"，是在"注"的基础上再加以疏通。这是后代学者为帮助人们读懂汉注而作的注解。如唐贾公彦《周礼疏》、《仪礼疏》就是疏解东汉郑玄的《周礼注》和《仪礼注》的。其内容基本上是墨守前注，没有什么不同见解。所以《四库全书总目提要》说："疏家之体，主于诠解注文，不欲有所出入。其墨守专门，固通例然也。"[2]又说："疏家之体，惟明本注，注所未及，不复旁搜。"[3]

"正义"，取正前人之释义的意思。是在各

---

[1]见《说文解字注》水部"注"字条。
[1]见《毛诗正义》引《六艺论》。
[2]见《周易正义》提要。
[3]见《毛诗正义》提要。

家注释的基础上加以裁正，使之"论归一定，无复歧途"[1]。便于奉守。始见于唐代，孔颖达奉唐太宗旨意，撰定《五经正义》，颁布作为官书。其体例，是对旧注作出裁定，专崇一家而废众说，并加以诠解。因此，虽然它的用意不只是疏通旧注，但实际内容与"疏"相同。所以也称"疏"。

"集解"的体例，正如何晏在他的《论语集解序》里所说的"集诸家之说，记其姓名，有不安者，颇为改易"。荟萃众说，同时也参以己见。如唐李鼎祚《周易集解》就收集了自先秦至唐初三十五家的说解。后代又有"集传"、"集注"、"集说"、"集疏"等名称。体例均与"集解"相近。至于晋杜预的《春秋经传集解》，则是合集《春秋》的"经"文与"传"（左氏传），而为之作解。基本上是杜预一家之言。与上述荟萃众说的"集解"不同。

此外，古代传注的名称还很多。总的说来，"为意不同，故题目有异"[2]。但有时名异而实无别，有时名同而又各有特色。在阅读古代传注之先，最好先读读书前的序文。以便对体例和内容有一个概括的了解。

---

[1]见《四库全书总目·毛诗正义》提要。
[2]见贾公彦《仪礼疏》。

阅读古代传注，还必须了解古人注释古书的格式和所使用的术语。这些格式和术语所包括的内容，就是古人训释古书的方法条例。掌握这些条例，才能顺利读懂古注。古代传注中，常用的有如下一些格式和术语：

　　1. "某曰某"、"某为某"

　　　　河水清且涟猗。

——《诗·魏风·伐檀》

　　毛亨传："风行水成文曰涟。"

　　　　各兴心而嫉妒。

——《离骚》

　　王逸注："害贤为嫉，害色为妒。"

　　这种格式，是用标明义界的方法来解释古书词义。也就是给名称下一确切定义。先较具体、较通俗地说明某种事物，再用"曰"或"为"指出它的名称。释文在前，被释的词在后。这种格式在连用时，往往是用来辨析近义词。如"害贤为嫉，害色为妒。"是说"嫉"与"妒"，都有忌害的意思，而忌害贤才叫做"嫉"，忌害美色叫做"妒"。

　　2. "某谓某也"

　　　　周人作会而民始疑。

——《礼记·檀弓》

　　郑玄注："会谓盟也。"

天子无事。

——《礼记·王制》

郑玄注："事谓征伐。"

这种格式，是用来解释概念范围比较广的词在文章中的具体含义。被释的词在前，释文在后。如："会谓盟也"，是说"会"在这里是指"盟誓"。"事谓征伐"指明"事"在这里是说军事行动。

3．"某犹某也"、"某犹言某也"

置之河之侧兮。

——《诗·魏风·伐檀》

毛亨传："侧，犹厓也。"

终鲜兄弟。

——《诗·王风·葛藟》

郑玄笺："兄弟犹言族亲也。"

"犹"是"如同"的意思。用这种格式是说某词语在正文中的意思与另一词语相当。用来解释的词和被释的词并不一定可以互训。所以段玉裁说"凡汉人作注云'犹'者，皆义隔而通之"[1]。如"侧犹厓也"，是说"侧"在这里如同说"厓"，并不是"侧"本身就有"厓"义。用"犹言"则大多是解释短语。

---

[1]见《说文解字注》三上"雔"字条。

4. "某，某貌"

伯兮朅兮，

——《诗·卫风·伯兮》

毛亨传："朅，武貌。"

维叶萋萋。

——《诗·周南·葛覃》

毛亨传："萋萋，茂盛貌。"

这种格式是专用来解释形容性词语。"某貌"的意思是"某某的样子"。如"武貌"就是"勇武的样子"，"茂盛貌"就是"茂盛的样子"。大体上说，这种格式是用概括性的词语去解释对某种现象或状态的具体描写。

5. "某之言某也"、"某之为言某也"

身死不葬。

——《大戴礼记·保傅》

郑玄注："葬之为言藏也。"

王立七庙。

——《礼记·祭法》

郑玄注："庙之言貌也。宗庙者，先祖之尊貌也。"

"凡云'之言'者，皆通其音义以为训诂"[1]。也就是说，这种格式是用音同或音近的

---

[1]见段玉裁《说文解字注》一上"裸"字条。

171

字来解释词义。被释的词和用来解释的词，不仅音同音近，而且意义上也有联系。即所谓"声训"。但它常常并不是说正文中某词可以用另一音同音近的词代替，而是从字音上推求这个词的由来。有的可以说明某些词之间存在同源关系。

6. "某，如字。"

若朝亡之，鲁必夕亡。

——《左传·成公十六年》

陆德明《经典释文》注："朝，如字。"

苟志于仁矣，无恶也。

——《论语·里仁》

朱熹《论语集注》："恶，如字。"

这种格式是用来区分多音多义词的。"如字"的意思，是说某字在正文里，读本来的音，不改读，不变读。这样也就表明在文章中用的是这个字本来的意义。如"恶，如字"，是说"恶"在正文里是读本来的音（è，旧读入声），不读去声，也不读平声。也就说明在这里是"善"的反义词，即罪恶、恶劣的"恶"。

此外，还有"某读若某"、"某读如某"、"某读为某"、"某读曰某"、"某当为某"等格式和术语。对于它们的作用，段玉裁在《周礼汉读考序》里曾作了较详细的说明。他说："汉人作注，于字发疑正读，其例有三：一曰读如、读若；二曰读为、读曰；三曰当为。读如、读若者，拟其音也。古无反语，故为比方之词；读为、读曰者，易其字也。易之以音相近之字，故为变化之词。""当为者，定为字之误、声之误，而改其字也，为救正之词。形近而讹，谓之字之误，声近而讹，谓之声之误。字误声误而正之，皆谓之当为。凡言读为者，不以为误；凡言当为者，直斥其误。三者分，而汉注可读，而经可读。"

所谓"读如、读若者，拟其音也。"就是说"读如"、"读若"是用来比拟读音的。东汉以前没有反切，就用同音字来注音。如《吕氏春秋·季冬纪》："是月也，命渔师始渔。"高诱注："渔读如论语之语。"

"读为、读曰者，易其字也。"就是说"读为"、"读曰"是用来指明通假的。如：《诗·卫风·氓》："淇则有岸，隰则有泮。"郑玄笺："泮读为畔。"《吕氏春秋·节丧》："葬浅则狐狸抇之。"高诱注："抇读曰掘。"借字在前，本字在后。阅读时都应改用本字。

"当为"则是用来订正错字的。注家发现正文中有因形近或音近而误的字，就用"某当为某"的格式指出某字是某字之误。错字在前，正字在后。如《礼记·乐记》："武王克反商。"郑玄

注："反当为及，字之误也。"又《礼记·学记》："古之教者，家有塾，党有庠，术有序，国有学。"郑玄注："术当为遂，声之误也。"

段氏的考证，与古代传注中绝大多数情况是相符的。但由于历代注家蜂起，这些术语的界限并不是很清楚的。如"读为"有时也用来拟音，而"读若"、"读如"有时也用来说明通假。

注书本不是一件容易的事情，所以前人说"著书难，注书更难"[1]。历代注家对待注书工作，态度是严肃的，并不苟且从事。不少注家为之竭尽毕生精力。因此，必须尊重古人劳动，认真钻研古注。现存的古代传注，以汉注为最早。汉人治学严谨，实事求是。给我们留下了丰富而又宝贵的训诂资料，为后人阅读先秦两汉古书、研究古代汉语作出了贡献。现存的汉人传注，除少数像赵岐《孟子注》那样采用串讲方式外，多数只是略释训诂名物，和部分难句。正如朱熹说的"汉儒注书，只注难晓处，不全注尽本文，其辞甚简"[2]。因为"其辞甚简"，给我们读懂汉注造成一定困难。而且经常是以词释词，用来解释的词又常常不止一义，阅读时往往不易辨识注者用的是词的本义、引申义，还是假借义。举例来说：

祈父，亶不聪。

——《诗·小雅·祈父》

毛亨传："亶，诚也。"

　　苟志于仁矣，无恶也。

——《论语·里仁》

何晏《集解》引孔安国注："苟，诚也。"

　　天生烝民，其命匪谌。

——《诗·大雅·荡》

毛亨传："谌，诚也。"

　　这里"亶"、"苟"、"谌"三字都用"诚"来解释，取义却不一样。"亶，诚也"，"诚"是实在、确实的意思，副词；"苟，诚也"，"诚"是假如的意思，假设连词；"谌，诚也"的"诚"，是"诚信"的意思，形容词。怎样才能辨识呢？只有认真联系正文来考察，"将注再就经上体会"[1]。反复推究，决不可草草看过，强作解人。就上例来说，既不能把"苟，诚也"解为"诚意"之"诚"，津津乐道，也不能把"亶，诚也"看作"专诚"之"诚"而斥毛注之谬。

　　唐人在疏解汉注方面做了大量工作，为后人阅读汉注提供了不少方便。宋儒注书，不墨守旧注，敢于独辟蹊径，时有清新可喜之见。到了清

---

[1]见《朱子文集》卷七四《记解经》。

代，随着读经高潮的出现，大批学者投入古书的校勘和训释工作。对前人的注疏作了一次较为全面的检讨和清理。他们精研汉注，"熟于汉学之门户，而不囿于汉学之藩篱"[1]。引证赅博，立论审慎，常能发历代注家之未发，正数百千年的误解。这一宗宝贵的遗产，至今还没有来得及认真地批判继承。旧注有一些错误，清代学者已作了详细考证，予以纠正。我们今天往往还依前人旧解，以讹传讹。试举一例：《易·屯六二》："女子贞不字，十年乃字。""字"本生育义。宋耿南仲《周易新讲义》解为"许嫁"，引《礼记·曲礼》"女子许嫁笄而字"为据，说"贞不字者，未许嫁也"。现在一些字书、辞书仍用此说，不察其误。清代王引之早已引用大量材料，指出"遍考经传及唐以前书，无以'字'为许嫁者"。而《礼记》"女子许嫁笄而字"一句与上句"男子二十冠而字"相同，是"名字"的"字"[2]。"字"作"许嫁"解，是唐以后的事。

古代传注对读懂古文有重要作用，但也存在不少缺陷和错误。历代注家很多是有所为而作，往往用注经方式宣传自己的观点，不惜"强经以就我"。宋陆九渊则公开宣称"六经注我，我

---

[1] 见王引之《经义述闻序》。
[2] 见《经义述闻》卷一、《广雅疏证》卷一。

注六经"[1]。西汉经师董仲舒用阴阳五行附会经义。东汉今文经学家用谶讳说法讲五经。传《鲁诗》的学者王式，以《诗》三百五篇当谏书[2]，他们的政治意图都很明显。《论语》全书没有一个"理"字，朱熹的《论语集注》却大谈天理，《毛诗序》说"《关雎》，后妃之德也"等等，封建说教意味也很浓。清末学者俞樾认为《论语》"四体不勤，五谷不分"这句话中"两'不'字皆语词"，无义。理由是"安有萍水相逢，遽加面斥者乎？"[3]其实，不过是有意维护"圣人"的尊严罢了。宦懋庸《论语稽》认为"民可使由之，不可使知之"两句是说"对于民，其可者使自由之；而所不可者，亦使知之。或曰，舆论所可者，则使共由之，其不可者，亦使共知之"。把原文读成"民可，使由之；不可，使知之"，更是借"圣人"之口，说自己的话。类似现象，不胜枚举。阅读古注必须注意拨开历代注家散布的层层迷雾，认清他们的思想局限。

除抱着某种目的有意曲解的以外，古代传注中误解古书之处也不少见。例如《礼记·曲礼》："若夫坐如尸，立如齐（斋）。""若夫"

---

[1]见《象山全集》卷三十四。
[2]见《汉书·儒林传》。
[3]见《古书疑义举例》卷四。

在这里是一个双音节发语词。郑玄却注作"言若欲为丈夫也"。《史记·刺客列传》写聂政刺韩相侠累后自杀，暴尸于市，他的姊姊听说"乃於邑曰：'其是吾弟与？'""於邑"就是"呜唈"、"呜咽"（古"於"、"乌"同字），是泣不成声的样子。唐张守节《史记正义》却说"乃於邑中而言曰"[1]，分明把"於"理解为介词，把"邑"理解为"都邑"。这都是古注中脱离文字本质，望文生训的典型。

古书字句讹误甚多，古人受客观条件的限制，校对不精，常常以误为正，多方迁就，强为之说。如《左传·僖公二十八年》："有渝此盟，以相及也，明神先君，是纠是殛。""及"是"反"字之误。"相反"即"相违背"。杜预却据误字为说，注为"以恶相及"。《国语·楚语》："左史倚相廷见申公子亹，子亹不出。""廷"本"迁"字之误。"迁"是古"往"字。"往见"是说倚相去子亹家求见。三国时学者韦昭不知"廷"系误字，注释说"廷见，见于廷也"。诸如此类，在古注中并不罕见。

古人注书，还喜欢繁征博引，竞为赅博。汉代今文家已开其端，"秦延君说《尧典》篇

---

[1] 见《史记会注考证》引。

目，两字之说十余万言，但说'曰若稽古'三万言"[1]。幸而没有传下来。现存的旧注，如邢昺疏解《论语·学而》"子曰"两字，也用了二百七十余字。刘宝楠《论语正义》解释其中一个"曰"字，就用了一百多字。烦琐得令人难以卒读。阮元批评"读注疏不终卷而思卧者"[2]，而对古注的烦琐不置一辞，似乎也不够公允。

现存的古代传注，数量甚多。几乎每一部较重要的古籍，前人都曾作过注释。有时同一部书，历代注本层见迭出，往往各执己见，聚讼纷纭。使用旧注，既要避免目光短浅，囿于一家之见，又要防止目迷五色，无所适从。

[1]见顾炎武《日知录》卷十九。
[2]见《十三经注疏·重刻宋版注疏总目录》。